KB167346

이 책의 각 장 끝에 있는 QR코드를
'휴대전화 QR코드 인식 앱'으로 찍으면 토론방으로 연결됩니다.
다른 독자들이 각 장을 읽은 후 남긴 소감을 접할 수 있습니다.
여러분이 느낀 바도 남겨주십시오.
질문을 주시면 이 책의 저자와 소통할 수도 있습니다.
사람멀미 없는 직장을 함께 만들어가고 싶습니다.

※ 사람멀미: 사람에게 부대끼고 시달려서 머리가 아프고 어지러운 증세.

사람멀미 처방전 제2권

직장인의 귀(耳) 사용법

설교하는 꼰대에서 질문하는 멘토로!

사람멀미 처방전 제2권

직장인의 귀(耳) 사용법

HOW TO BETTER USE

YOUR EARS

남충희 지음
『7가지 보고의 원칙』 저자

훌륭한 상사는 가르치지 않는다. 질문한다.
질문하고 듣고, 질문하고 또 듣는다.
좋은 질문을 위한 3가지 원칙과 7가지 기술!

황금사자
Goldenlion

멘토의 기본 자격:
공감, 경청 그리고 질문 능력

어둠의 옷을 입으면, 억눌렸던 생각이 기지개를 켠다. 워크숍이 늦은 밤으로 이어지자, '요즘 세대' 직장인들이 스스럼없이 슬금슬금 속마음을 열었다. 상사와 면담(面談, face-to-face talk)[1]에 관한 거침없는 이야기다.

"상사와 면담이라고요? '상사', '면담', 이런 단어 자체에 거부감이 드네요. 도대체 왜 상사와 면담해야 하지요? 싫은데요. 단둘이 마주 앉아 있는 상황 자체가 불편한데요. 사실 저희 세대의 기억 속에 '면담'이란 썩 좋은 경험이 아니에요. 면담이란 게 혼나는 것 아닌가요? 상사는

1 　상담＜면담＜대화＜소통: 용어를 정의해보자. 상담(相談, counselling)은 '문제 해결'을 위해 서로 의논한다는 뜻이다. 조언을 주고 조언을 받는 사람이 구분된다. 한편 면담(面談, face-to-face talk)은 서로 얼굴을 맞대고 이야기한다는 광범위한 뜻이다. 문제 해결뿐만 아니라 상호 이해, 목표설정, 평가 결과 논의 등이 이루어지는 개인적 또는 집단적 소통을 의미한다. 더 나아가 대화(對話, conversation)는 마주 대하여 이야기를 주고받는 모든 일상적 소통을 포함한다. 소통(疏通, communication)은 물론 범위가 더 넓다. 말만이 아니라 글로 쓴 소통, 비언어적 소통까지도 포함하니 말이다. 이 책에서는 조직에서 상하 간 개인적으로 만나 얼굴을 맞대고 '대화'하는 '소통'을 '면담'이라는 용어로 통일한다.

왜 면담을 해야 하죠?

흡사 고등학교 학생주임 선생이지요. 부하를 불러다 앞에 세워놓고, 억누르는 분위기 속에서, 혼자 장황하게 설교하거나 질책하는 것이 면담 아닌가요? '새로운 개념의 면담'을 말씀하시는 거라면, '면담' 대신 다른 용어를 쓸 수는 없나요? 예를 들어, 흐흐흐, FTFT가 어떨까요? Face-To-Face Talk."

"직장에서 소소한 대화를 많이 하거든요. 팀 점심, 티 타임, 캔 미팅, 단체 영화관람 등 한 달에 몇 번씩 하지요. 만족감요? 팀장, 팀원들과 그저 인간관계 유지하는 거죠. 사실 인간적인 긴밀한 대화 같은 건 별로 없어요. '얼굴을 맞댄 대화'라면 지시받고, 보고하고, 피드백 받고, 뭐, 이쯤? 글쎄요, 제가 강사님이 말씀하시는 '면담'이란 걸 경험해보지 못해서 이렇게 말하는 건지는 모르겠습니다."

"팀장과 말이 전혀 안 통해요. 팀장 속을 모르겠고, 팀장도 부하에게 관심 없어요. 서로 모르는 사람끼리도 면담하나요? 우린 ○○○○라는 앱을 주로 써요.(직장인 전용 앱이다. 회사별로 게시판이 나뉘어 있어 사내 정보를 공유하고 직장생활의 고충이나 불만을 쏟아낸다. 사내 갑질이나 비위 고발도 만만치 않게 올라온다.) 카타르시스 효과 때문이겠지요. 물론 불만이 해결되는 건 아니지만 ….”

“제 경험은 조금 달라요. 저희 팀장님은 개인적인 면담을 잘 해주세요. 제 이야기도 잘 들어주고요. 면담하고 나면 팀장님과 제 생각이 많이 조율되는 듯해서 저에게는 효과가 커요. 가끔 조직 생활을 잘할 수 있는 팁도 주시지요. 서로 지나칠 때 팀장님 얼굴의 미소를 보면, 서로만 아는 뭔가를 나누는 느낌도 들고요. 제 생동감이 확실히 달라지는 것 같아요.”

신세대가 간구하는 멘토의 귀

신세대도 인간이다. 소통 욕구가 강하다. 상사와 인간적인 대화를 나누고 싶어 한다. 하지만 어른 또는 윗사람과 제대로 된 면담을 경험하지 못했기에 면담을 부정적으로 인식하는 사람이 훨씬 더 많은 듯하다. 그들의 이야기를 종합해보면, 젊은 세대는 상사에게 세 가지를 원한다. ▶첫째, ‘제발 나의 가치관과 삶의 방식을 그만 좀 비판하시고, 질책 좀 적당히 하시고, 훈계나 설교도 줄여주세요.’다. ▶둘째, ‘귀 기울여 내 이야기를 들어주세요. 불만 많아요.’ 즉 ‘나를 좀 이해해주세요.’다. ▶셋째, 그 이해를 바탕으로 '직장생활을 잘할 수 있는 팁 좀 주세요.'다. 그들은 '멘토' 상사를 찾고 있다.

그들은 상사에게 바람직한 소통 자세도 요구한다. ▶'동물같이 그러지 말고 인간답게 제발 공감 좀 해주시고, 존중과 예의로써 저희를 대해달라.'라는 바람이다. 원만한 인간관계에도, 원활한 소통에도 공감능력은 기본이다. 공감은 그야말로 인간성의 근본 아닌가. 공감만 잘해도 부하들의 사람멀미는 크게 준다. 공감능력은 멘토의 기본적인 자격 조건이다.

그런데 원자폭탄급 효과를 지닌 이 공감능력이 아쉽게도 부족하다면 어쩌나? 꼼짝없이 나쁜 상사가 되는 수밖에 없나? '사람지옥'의 문을 활짝 열어젖히는 그런 악마 같은 상사 말이다. 글쎄, 그렇게 될 가능성이 크다. 한편, 주의한다면 꼭 그런 건 아닐 수도 있다. 급한 대로 우선 부하들 이야기를 귀담아듣자. 상사는 원래 부하의 안팎을 속속들이 알아야 한다. 면담이 가장 훌륭한 방법이다. 부하에게 귀를 열어주는 면담의 결과는 바로 '인간 이해'다.

공감능력이 부족하다고 자인하는가? 주위 사람들이 기피하는 악마가 될 소지를 우려하는가? 그렇다면 작심하고 면담해야 한다. 잘 아는 사람, 충분히 이해한 부하라면 인격적으로 대하게 된다. 자칫 부하의 자존심에 상처를 남길 정도로 부하를 비인격적으로 취급하지는 않게 된다는 뜻이다. 선천적으로 공감능력이 부족하더라도 멘토는 될 수 있다.

면담은 훈계나 설교가 아니다. 상사가 면담을 진정 '경청'으로 받아들여 실천한다면, 면담은 '미사일'만큼 효과가 크다. 거꾸로 말해, 미사

일의 힘을 지닌 멘토는 특히 귀(耳)를 잘 사용한다. 이제 제2권에서는 멘토 상사의 귀 사용법을 살펴보자.

　　제1장 '부하와 소통: 면담'에서는 면담의 원칙을 추출한다. 면담은 인간 이해하기다. 거듭 강조하자면, '인간 이해'는 부하를 무심코 괴롭히는 '나쁜' 상사라는 오명을 피할 수 있는 유용한 방법이다. 면담의 원칙 추출을 위해 면담의 실패와 성공 사례를 비교해본다.

　　제2장 '경청의 본질'에서는 면담의 기본자세로서 그토록 힘들다는 '경청'을 분석했다. 왜 어려운가 따져보고, 경청의 유형과 방법도 제시한다.

　　제3장 '질문 잘하기'의 핵심은 '경청하려면 질문을 잘해야 한다.'라는 원칙이다. 경청의 전제조건인 질문이 어떠한 가치와 유형을 지니는지 설명했다.

　　마지막으로 **제4장 '질문의 원칙과 기술'**에서는 세 가지 질문의 원칙과 일곱 가지 질문의 기술을 보여준다. 사실, 상사는 온종일 오로지 질문만 하는 사람이다.

사람멀미 처방전 제2권

직장인의
귀(耳) 사용법

차례

제2장
경청의 본질 • 069

제3장
질문 잘하기 • 109

제4장
질문의 원칙과 기술 • 169

제1장

부하와 소통: 면담

"군자에게는 세 가지 다른 모습이 있다.
멀리서 바라보면 근엄해 보이지만,
가까이 접해보면 온유하며,
그 말을 들으면 엄숙하다.
(君子有三變: 望之儼然, 卽之也溫, 聽其言也厲.
군자유삼변: 망지엄연, 즉지야온, 청기언야려.)"
―『논어(論語)』「자장(子張)편」

아는 만큼 보인다. 파악한 만큼 들린다. 이해하는 만큼 느낄 수 있다. 제1권에서 '공감의 과정'을 논하면서 판단(sense making)의 기능을 살펴보았다. 예를 들어, 길 가던 어떤 사람이 어쩌다 발을 잘못 디뎠는지 두 팔을 허공에 대고 춤추듯 휘청거리다가 고꾸라졌다. 그 모습에 웃음이 절로 터져 나온다. 어? 그런데 내가 평소 인사하고 지내는 이웃집 사람이다. 나는 즉각 웃음을 멈추고 냉큼 뛰어가서 거들어주게 된다. "아이고, 아프지요?" 내가 평소 잘 알고 이해하는 사람은 뭔가 다르다. 그 대상에게는 공감이 더 잘 발현된다. 기꺼이 보살펴주고 도와주고 싶다.

마찬가지다. 부하는 항상 아프다. 그러니 공감 발휘는 부하를 아끼는 훌륭한 상사가 되기 위한 필요조건이다. 부하를 면담해야 한다. 알아야 진정한 공감 발현이 가능하기 때문이다. 상반기와 하반기, 이렇게 1년에 두 번 형식적으로 의무 면담만 해서 될 일이 아니다. 부하의 동기 유발 그리고 육성은 상사의 임무다. 이는 부하 이해에서 시작된다. 부하라는 한 인간의 열정, 꿈, 고통, 불만, 희망을 깊이 이해하고 느껴야 하지 않겠는가. 그러니 직접 얼굴을 맞대고 대화해야 한다. 짧은 문자 소통으로 가능한 일이 아니다.

정리해보자. 면담, 즉 얼굴(面)을 맞댄 대화(談), face-to-face talk는 ▶작게 본다면, 사람멀미를 일으키는 '나쁜' 상사라는 오명을 피할 수 있는 유용한 방법이다. ▶크게 보자면, 면담은 부하들의 동기를 유발하고 역량을 육성하는 인재 관리의 핵심 수단이다. 면담은 멘토 상사의 의무다. 가장 중요한 경영 활동이다. 더구나 시대에 따라 평가 방법도 바뀌고 있지 않은가. 과거 1년에 한두 번 정기 인사 평가할 때와는 다르다. 이제 상사가 수시로 부하를 면담한다. 부하의 업무 성과와 역량에 관해 구체적인 피드백을 준다. 상시 평가 면담 제도다. 이제 멘토는 면담에 익숙해야 한다. ▶그리고 좀 더 크게 보자. 면담은 진정한 리더가 되기 위한 필요조건이다. 얼굴을 맞댄 대화가 사람 마음을 얻는 지름길이기 때문이다. 부하들의 자발적 추종이 시작된다. 이제 평소에 소홀히 여겼던 그 면담의 목적 및 방법을 우선 살펴보자.

면담의 목적과 바람직한 결과

우선 현실을 진단해본다. 오늘날 현장에서 면담이 과연 어떻게 이루어지고, 직원들은 어찌 인식하고 있는지 궁금하지 않은가. 앞서 '책머리에'에서 면담에 관한 직장인의 일반적인 반응을 언급했다. 필자는 한 걸음 더 나아가 '제도화된 면담'의 현실에 관해 많은 직장인에게 물어봤다. 아쉽게도 답변을 거의 듣지 못했다. 면담 제도를 갖춰놓은 조직이 드물기 때문이다. 면담의 중요성을 아직 깨닫지 못했나 보다. 다행히도 앞서가는 소수의 일류기업은 그나마 면담을 제도화했다. 그런 기업의 팀원과 팀장들 이야기를 들어봤다. 제도화된 면담에 관해 먼저 부하들 불만을 요약하면 다음과 같다.

면담 제도, 도대체 왜 필요해요?

"팀장이 면담하자고 부르긴 해요. 회사에서 강제하는 제도니까요. 그런데 점심이나 퇴근 시간 바로 전에 면담하자고 하면, 이게 뭡니까? 부하 면담이 우선순위에서 맨 뒤인가 봐요. 그리고 팀장은 면담하면서 왜 자꾸 시계를 힐끔힐끔 쳐다보나요? 심지어 바쁘다는 핑계로 면담을 전화통화로 대체하기도 해요. 아니, 면담의 '면'자가 얼굴을 뜻하는 것 아닌가요? 차라리 화상통화라도 해야 하는 것 아닌가요? 회사에서 시키니까 하기 싫은데 억지로 하는 면담이 무슨 소용이 있겠어요."

"면담하면 팀장이 급하게 혼자 다 말해요. 제 말은 중간에서 모조리 잘라요. 빨리 끝내려는 태도죠. 저로서는 다소곳이 앉아 미소를 머금고 듣기만 해야 하는데, 정말 시간 낭비 같아요. 그런 걸 회사에서는 왜 하라고 시키는지 이해가 안 갑니다."

"글쎄요? 하라니까 하긴 하는데, 윗사람들은 정작 면담이 무엇인지, 왜 해야 하는지, 어떻게 해야 하는지 잘 모르는 것 같다는 느낌이랄까…. 사실 저도 면담이 뭔지, 왜 하는지, 어떻게 해야 하는지 잘 모르겠어요."

면담? 어떻게 하는 거지요?

이제 상사들의 하소연을 들어보자. 올라야 할 산은 높고 건너야 할 물은 깊고 넓다. 어려움이 많다. 그만큼 불만도 크다.

"보고나 회의 방법이 변하고 있어요. 예전에 없던 메신저나 이메일을 이용한 수시 보고나 단문을 주고받는 문자 회의가 늘고 있지요. 화상 회의도 부쩍 늘었고요. 얼굴을 맞대고 표정을 주고받는 기회가 점점 줄어드니, 인간적 소통은 이제 아예 사라지는 것 아닐까요? 면

면담? 저희 팀장들 정말 힘듭니다

담이 그리 중요하다면, 사실 제도적으로 더욱더 강제하지 않으면 안 될 거예요. 면담 방법도 교육 좀 받아봤으면 좋겠어요. 자신감이 늘 테니까요."

"말도 마십시오. 저희 팀장들, 정말 힘듭니다. 팀원 면담은 원래 상반기와 하반기에 한 번씩, 그렇게 1년에 두 번 하면 충분하지 않나요? 예? 아니라고요? 글쎄요, 그래서 그런지 몰라도, 올해부터는 회사에서 수시 면담 지시가 내려왔어요. 가뜩이나 바쁜데 면담 목적(목표설정, 평가, 육성, 문제해결 등), 면담 과정(면담 장소, 시간), 면담 내용(부하의 애로사항, 질문 등), 면담 결과(조언과 답변 내용 요약 등)까지 일일이 입력하느라 손가락에 관절염 생길 정도로 자판을 두드려야 합니다. 이런 거 좋아하는 팀장은 이 세상에 한 명도 없을 걸요? 정신을 차릴 새도 없어 곧 까무라칠 팀장들의 목을 이제 아예 대놓고 조르네요."

"부하들을 상하관계가 아니라 수평관계로 대하라고 하는데, 한편으로는 위계질서를 확립하라고도 그럽니다. 어느 장단에 맞춰 춤을 취야지요? 면담할 때는 친구처럼 그냥 들어주기만 해야 하나요? 말도 안 되는 소리가 태반인데, 그걸 어찌 참고 듣고만 앉아 있지요? 조언, 지적, 교육 또는 따끔한 질책도 해야 하는 것 아닌가요? 면담을 뭘 어떻게 해야 하는지 솔직히 잘 모르겠습니다."

"석 달 전, 제가 팀장이 되자마자 그때부터 제 부하 둘이 서로 티격태격하네요. 사수와 조수 관계인데 말입니다. 하도 골치가 아파서 둘 다 또는 둘 중 하나를 다른 부서로 전출시키려고 생각도 해봤지요. 근데 인사 파트에 이동을 부탁하면, 제가 리더십이 부족한 사람이라고 손가락질받을 듯하고 …. 예? 그 두 명을 면담해봤냐고요? 서로 꼰대, 또라이라고 손가락질만 해대는 것 같아요. 면담을 잘해야 한다고요? 글쎄요? 어떻게요?"

뭔지 모르는 면담

위 이야기들을 분석해보면 크게 다섯 가지 문제가 드러난다.

첫째, 회사의 면담 제도화 문제다. 땅을 파야 한다면 그 이유를 알려줘야 하지 않을까? 무조건 땅을 파라는 지시는 불만에 가득 찬 중노동이 되기 십상이다. '제도' 도입에 앞서 '조직문화' 혁신이 우선이다. 즉 조직구성원의 가치관이 먼저 바뀌어야 한다. 최고경영자뿐만 아니라 전 조직구성원들이 정말로 인재가 조직의 핵심 자산이라고 믿는가? 면담은 가장 효과적인 인재 관리 수단이고, 그래서 가장 중요한 경영활동이라고 진정 믿는가? 그래서 상사들이 자발적으로 부하 면담에 시간과 노력을 쏟는가? 즉 상사의 가치관, 신념 그리고 행동이 우선 바뀌었는가? 면담 제도라는 멋진 겉옷만 입히면 뭐하나. 눈에 보이는 제도만 모방할 것이 아니다. 경영진이 행동으로 솔선수범하여 눈에 보이지 않는 조직문화를 먼저 혁신해야 한다. 제도 도입은 그다음이다.

둘째, 정녕코 가시적인 뭔가를 만들어야 직성이 풀린다면, 가치관을 혁신할 수 있는 제도를 만들자. 직원들 대상으로 근무 만족도, 업무 몰입도 또는 면담 만족도를 익명으로 설문 조사하는 제도가 하나의 예다. 상사의 가치관과 행동 양식을 바꾸는 데 더욱 효과적일 것이다. 면담은 관리상의 실적을 보여주는 '양'보다는, 직원 만족도라는 '질'이 더 중요하다. 그런데 지금의 면담 제도는 모두 '양'에 집중한다.

셋째, '바쁘다, 시간 없다.'라는 변명은 근본적으로 상사의 애정 부족 문제다. 자녀와 나누는 긴밀한 인간적 대화를 일 년에 딱 두 번만 하나? 자녀 육성은 부모의 의무다. 부하 육성은 상사의 임무다. 인재 육성이란 역량 계발과 동기 유발이다. 이 두 가지가 과연 효과적인 면담 없이 가능할까? 거듭, 관리자라면 인재 관리에 근무 시간의 3분의 1을 쏟아야 한다. 그래야 마땅함에도 면담 시간을 왜 아깝다고 생각하는가?

넷째, 나는 별 잘못 없는데, 부하들이 서로 싸우는 등 그들이 잘못했다고? 뭔가 잘못되면 이런 식으로 부하를 탓하는가? 남을 원망하고 탓하는 행동은 쉽게 습관이 된다. 문제 발생 시 희생양을 찾아 질책하고 자기변명을 찾는 악성 습관으로 자리 잡는다. 손가락을 늘 외부로, 타인에게로 돌린다. 그러니 자기혁신은 평생 있을 수 없다. 바꾸어 생각해보자. 내가 부하들을 이해하지 못했고, 그들을 화합시키지 못한 것이 아닐까? 내가 면담을 소홀히 한 것 아닐까? 손가락을 나에게 돌리고 반성할 때 자기혁신이 시작된다. 혐오받는 상사(boss)에서 존경받는 리더(leader)가 되는 변화 말이다.

마지막으로 다섯째, 위 네 가지 문제가 해결됐다면, 이제 상사들은 효과적인 면담 방법과 기술을 익혀야 한다. 앞서 언급한 발언들의 밑바닥에는 팀장들의 자신감 부족이 역력하다. 면담, 경청 그리고 질문의 원칙과 기술 학습이 필요하다.

인재가 최우선이라는 '가치관'은 흡사 따사로운 햇볕이다. '면담 제도'는 기름진 토양이다. 상사는 부하를 향한 '애정'으로 부지런히 밭을 간다. 그리고 효과적인 '면담 방법과 기술'로써 씨를 뿌린다. 즉 조직은 가치관과 제도를 마련해주고, 상사는 애정을 쏟아 효과적인 방법으로 부하를 면담한다. 이 네 가지가 충분하고 조화롭게 어우러질 때 '인재'라는 꽃이 활짝 피어오를 것이다. 물론 결과는 모두 내 책임이다. 남 탓하지 않는다. 이 책에서는 씨 뿌리는 방법, 즉 면담의 방법과 기술을 자세히 살펴본다.

'부드러운' 면담의 조건: '강력한' 통제 장치

앞서 제1권에서 등장했던 강 팀장과 '또라이' 부하직원을 기억하는가? 필자가 그 직원을 면담한 다음날이었다. 워크숍 휴식 시간에 강 팀장을 불렀다.

사례 1

"교수님, 어때요, 만나보셨지요? 똘끼가 아주 온몸에 배어 있지 않아요?"

"어? 그렇지 않던데요. 악성은 아니에요. 그 친구도 스스로 부족함을 느꼈는지, 배우려는 자세로 나왔더라고요. 이야기해보니 발전 가능성이 많은 친구던데요."

"설마 …. 아마도 CEO를 하셨던 분을 뵌다니 조심했겠지요. 그 친구만이 아니에요. 쓸 만한 부하가 없어요. 느끼셨겠지만 '요즘 애들'은 의욕도 없고, 인내심도 바닥이고, 자발성도 전혀 보이지 않아요. 직장을 취미로 다니는 듯해요. 친절하게 대해주면 박박 기어오르기나 하고. 아, 그리고 느끼셨죠? 세대 차이. 정말 요즘 애들과는 세대 차이를 팍팍 느낍니다. 어찌해볼 도리가 없어요."

가치관의 진화

"강 팀장, 요즘 애들만 탓할 수는 없지요. 인내심요? 옛날에는 계속되는 야근도 참아냈죠. 불합리한 지시도 인내했고, 욕설도 그냥 꿀꺽 삼켰지요. 엄밀히 말하자면 '비합리성'과 '부당함'을 인식하지 못했거나 그저 인내한 거지요. 그런데 요즘 세대는 다르지요. 민감하잖아요. 그런 걸 왜 감내해야 하냐고 항의하는 거예요. 합리적인 고통은 그들도 충분히 인내해요. 오히려 '부당함'에 대한 저항이지요. 세대를 거치며 가치관이 진화한 겁니다. 우리 기성세대가 받아들일 수밖에 없지요."

"맞는 말씀 같은데 …. 그 진화 속도가 너무 빨라서 당혹스럽네요. 40대 직장인은 완전히 낀 세대가 되어버렸어요."

"그런데 강 팀장, 우리 솔직하게 이야기해봅시다. 요즘 사람들이 따라오지 않는다고 비판했지요? 사실 누워서 침 뱉기 아닐까요. 뒤집어보면 강 팀장의 리더십 실패로 보이기도 하고요. 리더십의 본질을 기억하지요?"

리더십의 실패

"리더십의 본질은 추종자의 '자발성'이라고 교수님께서 강의하셨지요. 그런데 교수님, 아니 또라이를 도대체 어떻게 자발적인 추종자로 만듭니까?"

"허허, 그 친구가 또라이는 아니라니까 …. 이 세상 훌륭한 리더들이 애초에 모두 뛰어난 부하들만 골라 갖고 일했을까요?"

"물론 그렇지는 않았겠지요. 아니, 그래도 그렇지, 제 리더십이 그렇게 엉망인가요? 제가 그래도 회사에서 잘나가는 팀장인데요. 교수님, 제가 일을 제법 잘합니다."

"강 팀장이라면 더 잘할 수 있을 것 같은데 …. 권위라는 힘은 '아래를 향해(↓)' 작용하지요? 그래서 상사와 부하는 '지시와 복종'의 관계이고. 반면에 진정한 리더십은, 강 팀장 말대로, 추종자들의 '자발성'이 '위를 향해(↑)' 모이며 형성되는 역량이고요."

"그 아래위 화살표를 기억하긴 합니다만 …."

"부하들이 왕성한 동기 및 자발성을 보여주지 않는다면, 이는 강 팀장이 끌어내지 못했기 때문이 아닐까요? 부하들을 팀장의 권위에만 복종시켰다는 뜻일 수도 있고요. 물론 그렇더라도 강 팀장의 분석력, 판단력, 추진력 등이 뛰어나니 일을 잘 해냈겠지요. 그 위에다 강 팀장의 리더십까지 얹는다면 금상첨화일 텐데요."

"아니, 제 부하직원들이 모두 그런 건 아니고요. 몇몇 또라이 신세 대가 문제지요."

"허허, 왜 자꾸 또라이라고 해요? 안 그렇던데. 회사가 뽑아놨으면, 그다음은 상사인 강 팀장이 그 친구의 활용과 육성을 책임져야 하죠. 우선 상호 이해가 절실해요. 혹시 면담은 해보았나요?"

해결책은 면담

"면담요? 시도는 해봤는데, 당최 말을 안 해요. 입술을 접착제로 붙여 놨나 봐요. 그런 친구를 어떻게 상대합니까? 속을 알 수가 없어요. 이해가 곤란해요."

"옛날에 강 팀장이 연애할 때는 소통이 쉬웠지요?"

"아, 예 …."

"애정 없이 소통이 가능할까요?"

"아이고, 교수님, 그런 또라이에게 어떻게 애정을 품을 수 있습니까?"

"사람 관리의 기본은 애정입니다. 리더십 품성론 강의 시간에 리더십 요건 중 하나로 애정과 열정에 대해서 충분히 토의했지요. 관리자는 직접 일하는 사람이 아니지요. 일은 주로 부하가 하는 겁니다. 관리자는 업무 방향을 제시하고, 부하를 육성하고, 동기를 유발하는 것뿐이지요. 그러니 관리자는 근무 시간의 3분의 1을 사람 관리에 쏟아야 해요. 원래 사람 관리가 힘든 겁니다. 쉽다면 왜 '애정의 의지'가 필요할까요? 내가 물어볼까요? 강 팀장은 그 또라이라고 칭하는 직원을 친동생처럼 여깁니까?"

면담은 애정

"아이고, 솔직히 그렇게 여기지는 않지요. 그런데 교수님, 애정을 받을 자격도 따져봐야 하지 않습니까?"

"부하가 '만약 예쁜 짓을 한다면'이라는 식의 조건적·거래적 애정을 과연 진정한 애정이라고 할 수 있을까요? 상사가 우선 줘야지요. 어쩌겠습니까? 그런 애정 측정은 가능하지요. 애정은 부하의 '복리후생'과 '육성' 그리고 부하와 '면담'에 쏟는 관심과 실천 의지로 나타납니다. 그중에 가장 어려운 것이 면담이지요. 애정이 없으면 면담 못 해요. 사춘기에 접어든 10대 딸과 그 힘든 대화를 이어나가려는 의지의 원천은 바로 애정이 아닐까요?"

"알겠습니다. 이를 악물고 면담해보겠습니다."

"인상 쓰지 말고 …. 그리고 '박박'이라고 그랬지요? 추종자(follower)는 자신이 진정으로 따르는 리더에게 기어오르지 않는 법입니다."

애정과 통제의 균형

"교수님, 그건 좀 억울하네요. 친절하게 대해주면 신세대 애들은 정말로 버르장머리 없이(규율성과 예의가 보이지 않는다는 뜻) 슬금슬금 기어올라 제 머리통 위에 올라앉으려고(복종하지 않는다는 뜻) 그래요. 말을 안 들어요. 박박 대들지는 않더라도 말입니다."

"물론 리더십 외에 '제도적 통제 장치'도 꼭 필요하지요. 강 팀장은 부하 한 사람 한 사람을 관찰하고 수시로 면담하면서 치밀하게 목표 설정하나요? 냉혹하게 평가하고? 육성형 피드백 제공하고? 이런 것이 규율을 확보하는 통제 시스템이지요."

"사실 그렇게까지 시간을 내진 못하는데요."

"근무 시간의 3분의 1을 사람 관리에 쏟아야 한다는 말에는 이런 관찰과 면담 등의 통제 시간까지 포함된 겁니다. 이런 통제 장치가 없는 상태에서 리더십 발휘는 사실 힘들어요. 합리적인 통제 시스템 없이 단지 권위만으로 부하들을 장악하려 들면, 모름지기 부하들의 불만만 높아지겠지요. 바람직한 현상은 아니에요. '애정'과 '통제'가 균형을 갖춰야겠지요."

"그러니까, 오직 인간적인 면담만이 해결책의 전부는 아니라는 말씀이네요."

"물론이지요. 통제를 위한 면담도 필요하지요. 일찍이 손자도 꿰뚫어 봤습니다. '고로 명령은 부드러운 말로 하고, 통제는 힘으로 할 때, 필히 승리를 취하게 된다.(故令之以文, 齊之以武, 是謂必取. 고령지이문, 제지이무, 시위필취.)' 부드러운 '면담'이 효과를 발휘하려면 마땅히 힘센 면담 등 '제도적 통제 장치'가 전제되어야 하지요."

면담을 목적에 따라 분류하자면, (1) 관계유지 측면에서 ▶부하라는 한 인간의 이해, 이를 바탕으로 ▶부하의 소극성, 타율성, 불안감 등 심리 치유, ▶개인적 애로사항 해결, ▶적절한 피드백을 제공함으로써 부하 육성. 그리고 (2) 업무추진 측면에서 ▶목표설정, ▶(목표 달성 과정에서) 사안의 문제점 해결, ▶(목표와 실적의 비교를 통한) 평가다. 그중에서도

'인간 이해'가 최우선이다. 적어도 직장 내 괴롭힘의 '잠재적 가해자'가
될 소지부터 방지해보자.

면담, 잠재적 가해 방지책

앞서서 우리나라 직장인 열 명 중 일곱 명이 직장 내 괴롭힘을 당한다
고 밝혔다. 사실 상호작용의 결과 아닐까? 우선 상사가 생각한다.

(저 친구는 어째서 의욕, 열정, 인내심 그리고 자발성이 한 톨도 없
을까? 가끔 기어오르기나 하고.)

상사는 부하를 향해 얼굴을 찡그린다. 도무지 이해가 안 되기 때문
이다.

"자네 말이야! *(빌어먹을!)* 보고서가 뭐 이래?"

터져 나오는 짜증 속에 입엣말로 중얼거리는 욕설도 찔끔 새어 나온
다. 그게 어쩐 일인지 부하에게는 호통으로 들린다. 부지불식간 모욕이
잔뜩 배었다.

(에이 씨, 하루 이틀도 아니고, 저 인간은 왜 나만 보면 맨날 신경질
이야? 내가 뭘 잘못했다고. 지시는 제대로 해주지도 않고, 맨날 생트
집만 잡네. 아, 짜증 …!)

공감능력이 부족한 상사는 부하의 스트레스를 알아채지 못한다. 죄
책감도 못 느끼니 부하를 계속 함부로 대한다. 부하는 매일 괴롭다. 괴
로우니 일이 제대로 될 리 없다. 조직의 성과는 계속 떨어진다. 상사는

성과 하락을 부하 탓으로 생각하고 다시 질책한다. 부하는 또 괴로워한다. 상사는 이제 모욕까지 거침없이 해댄다. 사람멀미가 점차 직장 내 괴롭힘으로 변한다. 직장은 사람지옥이 된다. 조직의 성과를 점점 더 까먹는 악순환이 가속된다.

악순환을 끊으려면 부하직원보다는 상사가 우선 변해야 한다. 변화의 첫걸음은 '인간을 이해'하려는 노력이다. 부하의 속을 들여다보았나? 그렇게 쉽게 또라이라고 낙인찍을 수 있단 말인가? ▶부하가 원래부터 게으른 나무늘보란 말인가? 잘못된 선입견 아닐까? ▶주인에게 곁을 잘 안 내주는 차가운 고양이란 말인가? 편견 아닌가? ▶행여나, 맹수를 상사 자신의 가치관과 행동 방식이라는 좁은 우리 안에 가둬서 길들이려는 것은 아닌가? 독선과 아집 아닌가? ▶그러고는 왜 모름지기 성실하지 않고, 싹싹하지 않고, 씩씩하지 않냐고 한탄하는가? 근본적으로 이해 부족 아닐까? 그러니 부하들과 그 힘든 소통을 해야 한다. 면담이 중요한 이유다. 이해하면 달리 보인다. 다음 예와 같이 심지어 극악무도한 범죄자까지도 잔혹한 짓을 멈칫 망설이게 된다.

유괴범과 대화의 목적

어떤 영화 이야기다. (아쉽게도 제목과 내용은 잊어버렸다. 분명 범죄 영화다. 한 장면만 기억난다.)

사례 2

드디어 유괴범에게서 전화가 왔다. 집에서 함께 대기하던 경찰들이 다급히 감청을 시작한다.

"엄마!"

납치당한 어린 딸의 애절한 울음소리가 전화기 너머 들린다. 납치범의 호통치는 요구의 틈을 비집고 어머니는 경찰이 가르쳐준 대로, 기를 쓰며 딸 아이에 관해 이야기한다.

"잠깐만요. 이슬이(필자가 붙인 이름이다.) 얼굴 좀 제발 봐주세요. 이름이 이슬이에요. 사랑스러운 아이예요."

"이슬이? 경찰에 신고하면, 당신 딸 이슬이가 어찌 되는지 알지!"

"한번 보세요. 이슬이 오른쪽 뺨 아래에 조그만 상처가 있지요. 엊그제 다친 거예요. 제가 깜짝 놀라 달려가서 걱정하니까, 이슬이는 '엄마, 나 괜찮아.' 하면서 오히려 엄마를 달래주며 꼭 안아줬어요. 너무 착한 아이예요."

"뭔 헛소리야! 한 시간 후에 다시 전화할 테니 쓸데없는 생각 말고 돈이나 준비해놔!"

"잠깐만요. 준비는 하죠. 당연히 해야지요. 그런데 우리 이슬이가 그렇게 착하고 귀여운 아이예요. 사랑스러운 아이예요. 그리고 우리 이슬이, 피아노도 잘 쳐요. 커서 훌륭한 음악가가 되고 싶어 해요."

전화기를 내던진 유괴범이 어쩌다 이슬이를 쳐다본다. 이제까지 하나의 수단으로 보이던 '물체'가 이제 이름과 꿈을 가진 한 '인간'으로 인식된다. 함부로 대하기 어려워진다. 적어도 잔혹한 짓은 하기 힘들어진다.

마찬가지다. 대화의 횟수가 늘어남에 따라 부하는 점차 '물체'가 아닌 '인격적 존재'가 되고 사연을 가진 한 명의 '개인'이 된다. 인격과 고유성의 이해가 시작된다. 타자(他者)의 인간화다. 이제 부하를 '수단'이 아니라 한 '인간'으로 인식하게 되니 차마 함부로 대할 수 없다.[1] 인간 존엄에 예절을 갖추게 된다. 상사의 부하 이해가 결정적이다. 부하들의 불만이 대폭 줄어든다.

스스로 공감능력이 떨어진다고 생각하는가? 부하를 면담하라. 이성적 파악이다. 학교 다니는 내내 아르바이트로 학비를 벌며 치열하게 살았고, 현재 귀여운 두 유치원생의 귀한 아버지이며, 집 장만을 위해 열심히 살고 있는 꿈 많은 한 '인간'이 보인다. 어찌 무례하게 대할 수 있겠는가?

면담, 인간 이해가 공감의 과정에 끼치는 영향

공감의 과정에서 ▶인지(noticing)능력 향상은 시간이 꽤 오래 걸린다. 그러니 면담해야 한다. 부하의 불만, 애로사항, 스트레스 그리고 꿈을 우선 머리로 이해할 수 있다. 부족한 인지능력에도 불구하고 적어도 무지와 오해를 예방할 수 있다.

---

1   위대한 철학자 칸트도 주장했다. "너는 너 자신의 인격과 다른 모든 사람의 인격에도, 인간성을 단지 '수단'으로만 사용하지 말고 동시에 '목적'으로 대해야 한다." 인간 사회의 모든 법칙이 이 대명제에서 도출되어야 한다는 주장이다. 사실 인류의 역사는 '인간 존엄'이라는 '목적' 달성을 향해 투쟁해온 기록이다.

▶성인에게 느끼기(feeling) 능력 향상은 솔직히 쉽지 않다. 부하가 설명하는 감정의 일면이나마 머리로 받아들여 이해할 수밖에 없다. 면담이 그래서 중요하다.

▶판단(sense making)과정에서 심리적 유연성이 대폭 향상된다. 내가 이해한 사람, 나와 가까운 사람의 일이라면, 공감을 억제하는 판단은 많이 줄어든다. 그래서 더 쉽게 공감이 작동한다. 죄책감을 느끼게 되니, 모욕적 말과 행동을 자제하게 된다. 공감능력이 부족한 상사가 매일매일 먹어야 할 공감능력 보충제는 바로 면담이다.

면담의 기본자세: 인내심과 온유함

면담의 중요성? 이제 이해할 수 있다. 그런데 솔직히 말해보자. 과연 부하직원과의 면담이 누워서 떡 먹기마냥 쉬운 일일까? 경륜이 쌓이기 전까지는 정말 어렵다. 더구나 우리는 효과적인 면담 방법을 체계적으로 배운 적이 없다. 그러니 그 어려운 면담에 선뜻 나서지 못한다.

이제 기본부터 꼼꼼히 짚어보자. 면담의 기본은 '인내심'과 '온유함'이다. 우선 이 두 가지 기초를 갖추면 자신감을 가질 수 있다. 인내심부터 살펴보자. 인내심이란 '미래의 보상을 위해 현재의 고통을 참고 견디는 마음'이다. 그런데 정녕코 어느 정도의 인내심을 말하는 것인가?

면담의 고통과 인내심

 사례 3

오래전 필자가 어떤 기업의 임원일 때다. 주 업무는 중장기 경영전략 기획과 경영혁신이었다. 그러다가 전산실도 담당하게 되었다. 업무 프로세스 혁신에 긴요했기 때문이다. (그 당시 메인프레임 시대에는 부서 이름이 '전산실'이었다. PC가 본격적으로 도입되기 전이다. 어이쿠, 필자를 엄청 나이 많은 할아버지라고 자칫 오해하겠다.) 전산실을 맡은 지 보름이 채 안 되던 날, 출근하는 나를 전산실장이 허겁지겁 쫓아 들어왔다. 조심조심 나에게 뭘 내밀었다.

"남 이사님, 죄송합니다. 문제가 좀 생겼습니다. 어제저녁에 전산실 대리 12명이 인근 중식당에 모여 합동으로 사표를 내겠다고 이렇게 '집단 서명서'를 만들었네요. 죄송합니다."

"헉, …!"

합동 사직 연판장 사건

자초지종이 기가 막혔다. 얼마 전, 회사 인사부에서 전격적으로 수당 제도를 개편했다. 전산직 수당(월 3만 원, 참고로 그 당시 짜장면 가격이 1,300원)을 없애버린 것이다. 물론 회사의 기술직 전 직원에게 지급하는 수당(월 5만 원)이 신설되었으니 월급은 오른 셈이었다. 그땐 나도 대수롭지 않게 생각했었다. 문제는 상대적 박탈감이었다. 다른 기술직의 월급은 5만 원 상승했지만, 상대적으로 전산직은 (5만 원 받고 3만 원 빼앗겼으니) 2만 원만 오른 꼴이었다. 며칠 전 60여 명의 전산실 직원들이 볼멘소리로 웅성거린다는 전산실장의 보고를 들었다. 그래서 내가 지시했다.

"인사부장에게 부탁 좀 해요. 전산실에 와서 직원들에게 설명 좀 잘하라고요. 수당 제도를 개편한 사람이니 누구보다 잘 설득하겠지요."

그런데 바로 그 설명회에서 사달이 나고 말았다. 인사부장의 사분사분한 설명에도 전산실 직원들은 아랑곳하지 않았다. 삐딱하게 앉아

줄창 항의를 해댔다는 것이다. 결국, 계속되는 장맛비에 논둑이 터져버리고 말았다. 인사부장 인내심이 폭발한 것이다. 급기야 인사부장은 저녁 굶은 시어미 낯으로 전산실 직원들을 한동안 쩨려보더니만, 아뿔싸, 애써 접어두었던 속마음을 꺼내버렸다. 목청을 키워 소리치고 말았다. 조금 모질었다.

"여러분, 솔직하게 생각해봅시다! 요즘 쌓이고 쌓인 것이 그 흔한 전산쟁이인데, 왜 전산 수당을 줘야 합니까!"

그날 저녁, 회사 인근 중국집에 전산실 대리 12명이 뭉쳤다. 상처 난 부위의 소독이 시급했다. 갈기갈기 찢긴 자존심에 지체없이 40도의 독주를 쏟아붓기 시작했다. 한 치 벌레에게도 오 푼의 결기가 있는 법. 급기야 합동 사표 제출에 합의한 것이다. 아이고! 나는 뼈저리게 반성했다. 나라가 망하면 이렇게 한탄하고 자책하게 될까?

(인재 관리(people management)의 중요성을 잘난 척 시도 때도 없이 강조하던 내가 인재 관리에 실패하다니! 한심스럽기 그지없다! 자신의 허물은 못 보고 …. 도끼가 제 자루 못 찍는다더니, 자기 흠은 못 고치고 ….)

그동안 내가 해온 강연의 내용을 그대로 따르자면, 이 정도 사태라면 내 목이 잘려야 마땅했다. 실컷 반성했다. 해결책은 딱 하나, 바로 '면담'이다.

소주, 병나발 불기
다음날 아침부터 작심하고 온종일 면담했다. 대리급부터 시작하여 각

20분씩 60여 명 면담에 꼬박 사흘이 걸렸다. 이렇게 집중적으로 면담하기는 나도 처음이었다. 입 꼭 다물고 메모하며 고개를 끄덕이며 듣기만 했다. 질문할 필요도 거의 없었다. 직원들은 마구 쏟아냈다.

(경청? 아이고! 입 닫고 듣기만 하라고 설교해왔지만, 막상 실천이 이리 힘들 줄이야…! 인제 보니, 그저 무른 땅에 말뚝박기가 아니네!)

말도 안 되는 말이 태반이었다. (그때 내 생각은 그랬다.) 회사 생활 10여 년 만에 처음으로 임원과 면담한다는 일종의 비아냥(?), 회사를 향한 밑도 끝도 없는 원망, 이미 전문 소프트웨어가 시장에 널려 있는데 자신들이 직접 개발해야 한다는 엉뚱한 아이디어의 길고 긴 설명(잔글씨의 긴 메모를 손바닥에 쥐고 들어온 직원이었다.), 회사의 실정을 무시한 어처구니없는 복리후생 요구 등, 등, 등, 등.

그들의 말을 분류하자면 이렇다. 터무니없는 말, 갈피 없는 말, 실없는 말, 헛갈리는 말, 군소리, 어이없는 말, 헛나발 부는 말, 본심은 떼어둔 아첨의 말, 세상사에 심드렁한 말, 자기 잇속만 차리는 말, 혼쭐 턱 놓은 말, 괜한 트집 잡는 말, 심사 긁는 말, 비위 거스르는 말, 이죽거리는 말, 요망스러운 말, 재랄을 떠는 말, 말투가 삐뚜름한 말, 종잡기 힘들게 지껄이는 말, 버르장머리 없는 말, 아우성치는 말, 시건방 떠는 말, 함부로 우겨대는 말, 도무지 듣기 거북살스러운 말, 귀에 담아 챙긴들 하등 잇속 없는 말 등, 등, 등, 등, 등. (그때는 내가 이렇게 생각했다. 철이 아직 덜 들었다.) 당장이라도 일어나 주먹으로 책상을 내리치며 '그게 아니잖아!' 되받아치고 싶었지만, 꾹, 꾹, 꾹, 꾹, 꾹, 꾹, 참고, 참

고, 참고, 또 참고, 다시 참고, 거듭 참고, 재차 참고, 다 들었다.

첫날, 면담이 끝났다. 저녁에 급히 전산실장을 불러냈다. 아무 말도 하지 않았다. 내 속은 마치 미친개 서너 마리가 뛰어들어 휘젓고 나간 듯 황량하고 스산했다. 식당에 앉자마자 소주 병을 잽싸게 낚아채서 입에 대고 벌컥벌컥 나발불었다. 그래야 살 것 같았다. 차라리 다시 군대 가서 박박 기는 것이 더 나을 듯했다. 사흘간이나 그렇게 면담했고, 사흘이나 그렇게 나발불었다.

직원들이 쏟아낸 감정의 응어리는 과연 어디서 비롯된 것일까? 하나씩 맺힌 데를 풀어헤치고 끊긴 곳을 이어가며 문제의 핵심을 찾느라 나흘 동안 고심했다. 옳지, 불안감이었다. 급속히 발전하는 IT 세상과 격리된 채, 비(非)IT 회사에 근무하기에 갖게 된 불안감이다. 곧 직원들을 모아놓고, 자기 성장을 위해 큰 바다로 나가라고 권유했다. 결국, 그룹 계열의 정보통신 회사로 소속을 모두 변경시켜주어 문제를 해결할 수 있었다.

면담에 소홀했기에 사람 관리에 실패했고, 한없이 반성하며 사람 관리의 원칙을 되새겼다. 그래서 면담했고 비로소 그들의 불안감 등 사안의 맺히고 끊긴 데를 이해할 수 있었다. 지난한 해결 과정이었다. (그 생각만 하면 오늘도 나는 오금이 저린다. 잘릴 뻔했던 내 목을 한 손으로 쓰다듬으며, 다른 손으로는 소주병을 잡게 된다.)

사춘기의 딸과 아들을 키워본 사람들이라면 잘 알 것이다. 진실로 어렵다. '면담(face-to-face talk)'은 준비부터(솔직히 준비는 잘 안 한다.) 그 과정이 모두 힘들다. 어디로 튈지 모른다. 물어봐도 대답조차 안 한다. 침묵이 견디기 힘들다. 이해력이 떨어지는 말을 들으려니 울화통만 치민다. 무시와 거부에 어찌할 바를 모르겠다. 항의와 반항이 나오면 진땀이 흐른다. 권위로 호통치고 나면 뒷맛이 참으로 나쁘다.

직원 면담도 마찬가지다. 경청이라는 어려운 일을 해야 한다. 솟아오르는 황당함, 울화, 진땀 그리고 터져 나오려는 설교, 호통 등을 꾹, 꾹, 꾹 참는 '인내'가 면담의 첫 번째 기본자세다. 둘째는 다음에 설명하는 '온유함' 유지다. 이렇게 요구하면 독자 여러분이 질겁하겠다.

(인내? 부하가 쑤셔대는 그 괴로움과 어려움을 참고 견뎌내라고? 게다가 온유함까지? 온화하고 부드럽게 부하를 대하라고? 아이고, 나에게 성인군자가 되라고 강요하는 건가?)

강요 맞다. 그게 그렇게 쉬웠다면, 우리 주변은 이미 인재 관리를 기가 막히게 잘하는 세계적 일류조직으로 가득 찼을 것이다.

군자의 외유내강, 그중 온유함

 사례 4

"너희 회사 사장, 어떤 사람이야?"

컨설팅 회사에 근무하다가 어떤 중견 기업의 기획팀장으로 직장을 옮긴 새카만 후배에게 필자가 모른 척 물어봤다. 사실 그 사장은 내가 잘 아는 사람이었다.

"아, 그 사장님요? 뒷짐 지고 걸어 다녀요. 처음에는 근엄하고 권위적인 사람으로 보였어요. 그런데 깜짝 놀랐습니다. 요즘 자주 뵈니 뜻밖에도 온유하고 자상한 분인 거예요. 제 말을 많이 들어주세요. 그러다가 가끔 해주시는 한마디가 그야말로 뼈저린 인생 경험이 농축되어 나온 귀한 교훈이지요."

(어? 그 사장이 그런 사람이라고? 아닌데 …. 그런데 이 후배가 나에게 왜 이런 말을 하지? 은근히 나에게 훈계하는 거야?)

내가 제 발이 저렸나 보다. 온유함 부족은 필자가 늘 듣던 지적이었다. 필자가 학생이었을 때다. "주장이 좀 강한 듯해요." 대학원 수업에서 토론이 끝나면 교수가 나에게 남으라고 해서 해주던 충고였다. "정의로운 사람보다 선한 사람이 천당에 가기 더 쉽답니다." 30대 중반에 들었던 교회 목사의 조언이 아직도 내 귓가를 맴돈다. 물론 내 아내도

늘 온유함을 요구했다. 온유함은 내 인생의 숙제였다. (과거 이야기다. 요즈음은 조금 나아졌다. 지금 이렇게 온유함을 주제로 '설교'도 하고 있지 않은가. 사실 노력 덕이 아니라, 나이 드니 혈기가 좀 빠진 게다.)

글쎄, 내가 몰랐나 보다. 그 후배의 말이 정녕 사실이라면, 그 사장은 바로 공자의 인품을 닮은 사람이다. 자하(子夏)가 자신의 스승인 공자의 인상을 형상화한 말은 다음과 같다. 필자가 자주 들춰 되새기는 '군자론'이다.

'자하가 말했다. 군자에게는 세 가지 다른 모습이 있다.(다른 해석: 세 번 변한다.) 멀리서 바라보면 근엄해 보이지만, 가까이 접해보면 온유하며 (따뜻한 인간미가 느껴지며), 그 말을 들으면 엄숙하다.(논리적이다.)'[2]

근엄함, 온유함, 엄숙함. 즉 외면에는 의젓한 위엄을 갖추고, 내면은 부드럽고 따뜻하며, 더 나아가 말은 천금의 무게를 지닌 듯이 사려 깊고 진중해야 군자(君子)라는 뜻이다. 부하 처지에서 쉬운 말로 바꿔보자. *(어, 쉽게 기어오를 수가 없네. 그런데 사려 깊고 부드럽게 나를 대해주네. 가끔 던지는 조언은 새겨들을 만하군.)*
위의 '군자'의 요건 중에서 부하가 상사에게 가장 바라는 품성이 무엇일까? 아마도 대부분은 부하를 대하는 온유함(gentleness, tenderness)

---

2 『논어(論語)』「자장(子張)편」 군자삼변(君子三變). 子夏曰: 君子有三變: 望之儼然, 卽之也溫, 聽其言也厲. (자하왈: 군자유삼변: 망지엄연, 즉지야온, 청기언야려.)

이리라. 온유함, 부드러움, 상냥함, 친절함, 따뜻함. 인간을 향한 기본 예절이다. 모든 인간은 존재 그 자체가 귀중하다는 신념에서 비롯된 대인 자세다.

고 장영희(1952~2009) 전 서강대 영어영문학 교수는 한평생을 불행과 싸웠다. 생후 일 년 만에 소아마비로 장애인이 되었다. 평생 목발에 의지하지 않으면 한 걸음도 옮길 수 없었다. 유방암, 척추암 그리고 간암과 투병했다. 그런데도 평생 걸친 고난에 굴복하지 않았다. 비탄과 원망 대신 따뜻한 글로 이 세상에 용기와 희망을 전했다. 그녀는 작고하기 직전의 저서 『살아온 기적 살아갈 기적』에서 이렇게 말했다.[3]

"살아보니까 내가 주는 친절과 사랑은 밑지는 적이 없다. 소중한 사람을 만나는 것은 1분이 걸리고, 그와 사귀는 것은 한 시간이 걸리고, 그를 사랑하게 되는 것은 하루가 걸리지만, 그를 잊어버리는 것은 일생이 걸린다. 그러니 남의 마음속에 좋은 기억으로 남는 것만큼 보장된 투자는 없다."(120-121쪽)

쇠 말뚝과 황금 열쇠

부하와 면담하는 기본자세 두 가지를 기억하자. (물론 자녀와 대화에서도 마찬가지다.)

---

3   장영희. (2009).

'인내심'은 폭발하려는 내 감정과 나불대려는 내 혀를 잡아매는 '쇠 말뚝'이다. 내 분노, 울화, 호통 그리고 내 입(口)에서 근질거리는 지적질, 잔소리, 설교, 훈계, 질책, 심지어 설득의 욕구까지 꼼짝달싹 못 하게 붙들어 매는 것이다. 이 쇠 말뚝이 인내심이다. 설령 면담 후에 소주병으로 나발을 불어야 할지라도 인내해야 한다. 인내의 쇠 말뚝은 내 입(口)을 다물게 한다.

'온유함'은 상대의 입(口)을 여는 '황금 열쇠'다. 물론 쇠 말뚝이 없다면 황금 열쇠도 소용없다. 내 입을 우선 닫아야 상대 입이 열린다는 뜻이다. 그래야 비로소 내 귀(耳)가 기능을 제대로 발휘할 수 있다. 즉 '경청(傾聽)'이다. 면담은 경청이다. 경청하려면 '군자'가 되어야 한다. 요컨대 군자는 인내심이라는 쇠 말뚝과 온유함의 황금 열쇠를 지닌 사람이다.

자, 이제 모두 이해했다. 축하한다! 이 순간부터 독자 여러분은 '군자'가 되었다. 즉 의젓하고, 엄숙하고, 신중하며, 참을성 있고, 인내하며, 슬기롭고, 덕망 높으며, 친절하고, 부드럽고, 따뜻하고, 너그럽고, 온유하다. 즉 튼실한 쇠 말뚝과 번쩍이는 만능 황금 열쇠를 지녔다. 아닌가?

(어, 어, 어, 벌써? 아닌데 ….)

적어도 군자가 되고 싶다는 각오를 다잡아 도사렸다. 그렇다면 이제부터 부하직원과 면담이 가능하다. 실전에 뛰어들어 보자.

잘못된 면담 분석

잘못된 면담 사례를 우선 살펴본다. 무엇이 잘못됐는지 함께 분석해보자. 그 후 개선책을 따져보자. 누구나 이해하기 쉬운 군대 이야기를 골랐다. (필자의 오랜 과거, 소대장 시절 일기가 이 사례의 기반이 되었다. 군대 이야기를 좋아하지 않는 독자에게는 참으로 송구스럽다. 이 책을 집어 던지지는 말기를. 부디 인내심과 온유함 유지를 부탁한다.)

　면담의 현실감 표현 때문에 조금 길다.

박 병장과 김 일병의 특공 면담

 사례 5

박 병장은 걱정이 태산이다. 아, 병장 말년. '고참'을 넘어 '갈참'이다. 9년 홍수에 햇볕 기다리듯 손꼽아 기다리던 제대가 한 달 남았다. 곧 제대해서 집으로 '갈 참'이다. 그런데 이게 웬 날벼락이냐! 요즘 자신의 조수 김 일병의 동태가 심상찮고 수상쩍다. 설사병 걸린 고양이 낯짝을 짓고는 시름시름 축 늘어졌다. 아무리 득달같이 추궁

해도 달다 쓰다 말이 없다. 넋이 나갔다. 강화 도련님처럼 오도카니 먼 산만 바라보고 있다. 아하! 똥인지 된장인지 꼭 찍어 먹어봐야 아나? 국가관 확실하고 용맹무쌍하던 한 전사(戰士)가 이렇게 망가져서 먼산바라기가 될 때는 배후에 '거꾸로 신은 고무신'이 있는 것이다. 분명하다.

그런 김 일병이 곧 휴가를 나간다. 걱정이다. 더구나 김 일병 이 녀석, 욱하는 B형이다. 휴가 나가서 혹시 사고라도 치거나 귀대하지 않는다면? 이건 마른하늘에 날벼락이다. 갈참, 참 피곤해진다. 소대장도 안절부절못하는 표정이다. 박 병장에게 김 일병 좀 잘 어르라고 신신당부다. 조국을 위한 박 병장의 마지막 헌신이 요구된다는 절박한 호소다. 소줏값까지 두둑이 받았다. 묵은 거지는 그래도 참을성은 있지, 햇거지가 더 어려운 법이다. 어쩔 수 없다. 이 햇거지에게는 특수 공작이 필요하다. 야간 특공 면담이다.

밤에 김 일병을 탄약고 뒤로 호출했다. 이쪽저쪽 주머니에서 소주 네 병과 종이컵 그리고 마른오징어와 고추장까지 꺼냈다. 아무 말 없이 몇 잔씩 캭~! 들이켰다.

"김 일병, 나 요즘 몸조심하는 거 알지? 떨어지는 낙엽도 피해 다니는 갈참이야. 아! 그 기나긴 군대 생활, 나 참 험악하게 했다! 옛날 내가 쫄병일 때, 내 사수 별명이 '곡괭이 자루'였어. 난 하루도 빠뜨리지 않고 휘날리는 곡괭이 자루 밑에서 박박 기었지. 김 일병 인마, 너는 전생에 나라를 구했나 보다. 조수를 이렇게 친동생처럼 알뜰살뜰 대해주는 사수가 대한민국 군대에 어디 있냐? 안 그래?"

"… 예."

"이 형님의 갈참 인생 꼬이게 만들지 마. 알았어?"

"… 예."

소주잔을 든 손의 손목이 몇 번 더 꺾였다.

"네 엄마만 빼고 말이다, 치마 입은 인간은 절대로 믿어서는 안 돼. '일말상초' 너 알지? 일등병 말기와 상병 초기, 알아?"

"… 예."

"춘하추동, 주야장천, 불철주야, 밤낮없이 쉬지 않고 24시간 조국의 전선을 굳건히 지키는 우리 군바리들이 바야흐로 일말상초가 되면, 꺽~! 중심 못 잡고 오락가락하던 여자들은 우리의 뒤통수를 탁! 후려 치면서 죄다 곰신(고무신의 준말) 거꾸로 신고 튀는 법이야. 카~! 나는 그 쓰라린 배신을 안 겪었는 줄 아니? 그렇게 안 당한 대한민국 국군 장병 있으면 나와보라고 하지. 끅~, 없어! 죄다 당했어! 인마, 이번에 휴가 나가서 깨끗하게 정리하고, 제시간에 귀대하는 거야. 안 그러면 탈영이다, 탈영. 알았어? 마셔!"

"… 예."

박 병장의 혀가 더욱 꼬이기 시작했다.

"작년엔 말이야, 끅~! 3중대 그 상병 놈 말이야. 사랑은 지만 했나? 차라리 혼자 콱 혀 깨물고 자살을 해버릴 것이지, 탈영은 왜 해! 그놈 수색하느라고 사흘 밤을 우리가 죽으라고 뺑이 쳤잖아. 끅~! 하긴 오죽했으면 그랬겠냐마는 …. 근데 말이다, 그 녀석 왜 얼음골 쪽으로 튀었냐? 민가가 많은 쪽이잖아. 당연히 신고가 들어오지. 곤장 메고 매 맞으러 간 꼴이야. 튀려면 그 반대쪽 산등성이 올라타고 쭉 가다가 수

통골 쪽으로 튀어야지. 절대로 민가에 들어가서는 안 돼. 알았어?"

"… 예."

"아, 꺼~억, 근데 내가 지금 뭔 얘길 하는 거지? 아, 탈영! 너도 짬밥 좀 팍팍 더 먹어봐라. 군대 돌아가는 이치가 보이는 거야. 탈영에는 네 가지 이유가 있어. 고참 문제, 질병 문제, 집안 문제 그리고 여자 문제. 그런데 너는 고참이 친형님 같잖아. 안 그래?"

"… 예."

"너 아픈 데 있어, 없어? 없지?"

"… 예."

"너 집안도 괜찮잖아. 아버지가 룸살롱 크게 하시지? 그렇지?"

"… 예."

"그럼 마지막으로 남은 게 여자 문제인데. 이 세상에 널린 게 여자 야. 인마! 버스와 여자는 조금 기다리면 또 오게끔 돼 있어. 알았어?"

"… 예."

"그리고 연락, 보고, 면담! 알지?"

"… 예."

"무슨 일 있으면 꼭 연락해라. 보고 철저하게 잘하고, 끅~. 그리고 문제 있거나 의논할 일 있으면 언제라도 이 형님에게 면담하자고 해. 면담할 때마다 형님이 쏴주 깐다. 연락, 보고, 면담, 쏴주! 복창해봐."

"연락, 보고, 면담, 쏴주!"

박 병장과 김 일병의 야간 특공 음주 면담은 이렇게 밤새도록 계속 되었다. 이튿날 박 병장은 소대장에게 장시간 확실한 면담을 실시했다 고 보고했다.

"그래, 잘했다. 역시 박 병장이야. 믿음직스럽구나."

칭찬도 받았다.

위 면담의 문제점은 무엇일까? 면담자 박 병장의 기본적 자질 문제? 박 병장을 변호해보자. 면담에 꼭 완벽한 논리 전개가 필요한 것은 아니다. 면담에는 사전에 형성된 신뢰, 즉 박 병장과 김 일병 간의 인격적 관계가 더 중요할 수도 있기 때문이다. 그런데 아쉽다. 박 병장은 왜 면담을 하는지 그 목적과 바람직한 결과를 이해했어야 했다.

면담: 이해, 도움, 치유, 성장 그리고 자발성

부하직원과 왜 면담할까? 여러분도 아래에서 가장 바람직한 면담의 목적과 결과를 골라보자. 사지선다 문제다. 아주 쉽다.

(1) [질책과 반성 촉구]: 얻어맞은 골목에는 개도 다시 가지 않는 법이다. "아이고, 잘못했습니다." 부하가 자신의 판단이나 행동의 잘못을 뼈저리게 깨닫게 해주어야 한다. 면담의 최고 목적은 철저하고 따끔한 질책이다. 심한 모욕도 모조리 동원해야 한다. 죄다 부하를 위해서다. 결과적으로 다시는 잘못된 골목길에 들어가서 얻어맞지 않도록 말이다.

(2) [해결책 제시]: (곡식이 풍부한) 가을에 못 지낸 제사를 (곤궁한) 봄에는 지낼까? 부하의 근본 능력이 몹시 부족하니 문제가 발생한

거다. 앞으로도 계속 뭐든 잘못할 거다. 따라서 면담이란, 능력 부족으로 헤매는 부하가 앞뒤 없이 주절거리면, 싹 무시하고, 내가 상황을 산뜻하게 정리한 후 분석해서 정확한 해결책을 즉각 알려주기 위해서 하는 것이다.

(3) [이해와 육성]: 봄에 씨 뿌려야 가을에 거둔다. 멀리 봐야 한다. 면담의 목적은 당장의 문제해결만이 아니다. 부하 육성이다. 면담의 주된 목적은 부하를 이해하고 부하가 능히 현재 및 미래의 문제에 대처할 수 있게끔 돕는 것이다. 부하의 성장을 도와주는 것이다.

(4) 면담의 목적? 알아야 면장(免牆) 하지.[4] 모르겠다.

옳지! 여러분들, 참 잘 맞췄다. 답은 (3)번이다. 앞서 면담의 목적을 분류한 그대로다. 즉 관계 유지 측면에서 ▶인간 이해, ▶심리 치유, ▶개인적 애로사항 해결, ▶육성. 그리고 업무추진 측면에서 ▶목표설정, ▶(목표 달성 과정에서) 사안의 문제점 해결, ▶(목표와 실적의 비교를 통한) 평가다.

그렇다면 면담의 바람직한 결과는 무엇일까? ▶상사가 부하의 가치관, 꿈, 역량 등을 잘 '이해'하게 됐다면 최상이다. (물론 부하도 상사를 이해해야 한다.) 가족만큼 함께 시간을 보내는 부하이니 가족만큼 이해해

---

4 '알아야만 담장(牆)에서 얼굴(面)을 면(免)한다.'라는 면면장(免面牆), 곧 면장(免牆)에서 나온 말이다. 『논어(論語)』에 공자가 아들 리(鯉)에게 말했다. "너는 주남(南), 소남(南)의 시를 공부했느냐? 사람이 이것을 모르면 마치 담장을 마주 대하고 서 있는 것과 같아 더 나아가지 못한다." (陽貨.10) 면장(面牆) 하면 식견이 없음을 일컫는 것이고, 면장(免牆) 하면 우매한 상태에서 벗어나는 것을 말한다.

야 하지 않겠는가. 상사가 부하의 깊은 속까지 이해하게 되었다면 성공한 면담이다.

한편 부하 처지에서 바람직한 면담 결과를 생각해보자. ▶부하가 자신의 성장에 큰 '도움'을 받았다고 생각하면 더 바랄 게 없다. 부하가, ▶그간의 오해와 찌무룩함을 해소했으며, ▶상사가 도와줘서 나 스스로 목표를 설정했고, ▶질책 대신 좋은 질문을 받아 스스로 반성할 점을 깨우쳤으며, ▶문제점 및 애로사항 해결 역량이 향상됐고, ▶향후 나의 노력과 역량 계발의 초점을 어디에 맞춰야 더 좋은 평가를 받을 수 있는지 명확해졌다고 느끼게 되었다면 바람직한 면담 결과다.

즉 ▶상사의 관점에서 면담은 '이해'와 '도움'이다. ▶부하 처지에서 면담은 '심리적 상처의 치유', '자기 성장' 그리고 '자발성 회복'이다. ▶거듭 강조한다. 설령 부하 교정이 필요하더라도, 면담은 결코 질책, 훈계, 설교가 아니다.

(아, 생각해보니 그렇구나. 이게 문제였구나!)

(그렇지. 이렇게 하면 되겠구나!)

대신에 스스로 잘못을 깨닫게끔 반성을 돕는 활동이다. ▶능력을 무시하거나 순응을 강요하는 대신, 부하가 자발적으로 창의적 해결책을 찾도록 도와주는 중요한 경영활동이다. 요컨대 면담 과정에서 부하의 숙고와 성장 욕구를 촉발해야 한다. 면담 결과는 부하의 자발성 발휘와 사고력 및 판단력 육성이다.

그러나 현실의 면담은 반대다. 오히려 위 사지선다 답의 (1)번이다. 즉 교정과 교육을 빙자해서 잘못된 골목길로 들어섰다고 두드려 팬다.

무시, 질책 그리고 모욕이 넘친다. 종종 면담 자체가 직장 내 괴롭힘의 범죄 현장이 되곤 한다.

위 사례에서 박 병장은 다행히도 김 일병을 무시하거나 질책하지는 않았다. 하지만 김 일병을 이해하려는 노력도 없었다. 김 일병이 스스로 판단하고 바람직한 해결책을 찾도록 도와주지도 않았다. 면담 결과는 아무것도 없었다. 박 병장 혼자 취해서 기분만 상당히 좋아졌을 뿐이다.

바람직한 면담 방법은 '경청'

박 병장의 기본자세 역시 문제다. 인내심과 온유함은 보이지 않았다. 사실 처음부터 끝까지 혼자 실컷 떠들었으니 인내심과 온유함이 끼어들 틈도 없었다. 또한, 박 병장의 면담 방법도 문제다. 면담은 '경청'이다. 경청(傾聽)은 기울 경(傾)과 들을 청(聽)이 합쳐져, '귀를 기울여 듣는다.'라는 뜻이다. 즉, 마음과 귀를 열고 들어줌으로써 정서적 해방을 촉진하는 심리 치유 활동이다.

거듭 확인하자. 위 사례에서 박 병장은 전혀 듣지 않았다. 97.7%(면담 기록의 글자 수 비율)를 박 병장 혼자 떠들었다. 질문은 모두 ('예.' 또는 '아니요.'라는 답변만 요구하는) 닫힌 질문이었다. 최악이다. 피면담자인 김 일병은 "예."라는 답변 열 번 그리고 "연락, 보고, 면담, 쐬주!"라고 복창만 한 번 했을 뿐이다. 그런데도 박 병장은 억울하다고 변명한다.

"그 죽일 놈이 당최 말을 안 하니, 어쩝니까? 내가 떠들 수밖에 없잖아요."

이런 변명도 이해 못 할 바는 아니다. 사실 늘 나오는 핑계다. 답변은 간단하다.

"그러니 질문만 해야지요. 그리고 질문을 잘해야지요."

위 사례는 대화 촉진 매개로서 '음주'를 활용한 '면담'이라기보다는 '면담'을 빙자한 단순한 '음주'였을 뿐이다. 만약 박 병장이 다음과 같은 면담의 목적을 숙지했더라면 어땠을까? ▶'면담＝상호 이해하기.' ▶'면담＝부하의 성장을 도와주기 → 부하 스스로 반성 및 해결 역량 배양', '자율성 회복.' ▶'면담＝부하의 심리적 상처를 치유할 수 있도록 도와주기.'

덧붙여 박 병장이 다음과 같은 면담의 기본자세와 방법을 실천했다면 어땠을까? ▶'면담의 기본자세＝인내＋온유 → 대화 독점 자제 → 상대의 가슴과 입 열기.' ▶'질문 잘하기 → 경청.' ▶'경청 → 인간 이해, 부하 성장 그리고 심리 치유.' ▶'꼰대가 아닌 멘토의 통찰력 넘치는 질문 → 상대의 깨우침.'

개선된 면담 분석

이제 개선된 면담 사례를 살펴보자. 박 병장에게 금세 특수 면담 훈련을 시켰다 치자. '면담=질문+경청'이라고 수없이 복창도 시켰다. 그래서 우수한 성적으로 수료했다 치자. 이제 김 일병과 다시 면담을 시켜본다. 소대장보다는 선임자가 면담하는 것이 훨씬 낫다. 소대장에게 소주 딱 한 병 값만 주라고 부탁했다. 소대장과 필자가 탄약고 뒤에 숨어서 몰래 지켜본다고 하자. 소대장과 필자의 대화는, [소대장: 들키면 분위기 깨지지 않겠습니까?] [필자: 그러니 조용히 하세요.] 이렇게 색깔을 달리해서 [꺾쇠 안에] 표시했다.

박 병장과 김 일병의 면담 재실시

 사례 6

김 일병은 여전히 앙다문 입을 떼지 않는다. 이해는 하지만, 그래도 그렇지, 어럽쇼, 평소 유순하고 나긋하던 쫄병이 뭘 잘못 잡수셨는지 고참 앞에서 뻣뻣하고 꼿꼿하다. 그러다가 서서 똥 누겠다. 말년 갈참 병장님 체면이 꼴이 아니다. 박 병장이 힐금거리다 퉁명스럽게 질문을 던진다.

"김 일병, 너 이번에 휴가 나가면 뭐 할 거야? 인마, 너 엉뚱한 짓 하는 거 아니야? 아, 참, 아니다. 아무것도 아니야. 자, 한잔 마셔."

[필자: 아이고, 말을 돌렸으니 다행이지, 자살골 먹을 뻔했네요. 말꼬[5]를 틀 때 '평가적 질문', '심판적 질문' 등 '답하기 어려운 질문'은 금물입니다. 더구나 '부정적 질문'은 독극물이지요.]

[소대장: 교수님, 죄송합니다. 그게 왜 자살골입니까? ~적 질문, ~적 질문, 답하는 질문 등등, 그게 다 뭡니까?]

[필자: 내가 준 이 책 뒤에 나와요. 끝까지 읽어봐요. 이 면담에서 '분석지향', '행동지향'의 경청 유형은 금물이지요.]

[소대장: 예? 경청 유형은 또 뭡니까? 남의 말 듣는 것도 유형이 있습니까? 아, 이 책 뒤에 ….]

멍하니 밤하늘의 둥근 달만 들떠보던[6] 김 일병에게 박 병장이 자세를 고쳐잡고 질문을 다시 시작했다.

"니네 집이 어디라고 했지?"

[필자: 흠, 배운 대로 잘하고 있습니다. 마땅히 '사람지향' 경청 유형을 보였네요. 그리고 '답하기 쉬운 질문 먼저' 원칙을 살려서 '관심 질문'을 시작했습니다.]

---

5 (편집자 주) '말꼬'는 '말을 할 적에 처음으로 입을 여는 것'이라는 뜻의 순우리말로서 '물꼬가 트이는 것'에 비유한 말. '물꼬'는 논에 물이 넘어 들어오거나 넘어 나가게 한 목.

6 (편집자 주) '들떠보다'는 '고개를 들어서 쳐다보다.'는 뜻의 순우리말. 참고로, '거들떠보다'는 '알은체를 하거나 관심 있게 보다.'라는 뜻.

"삼성동요."

"할머니도 모시고 산다고 그랬지?"

"예."

[필자: 좋아요! 박 병장의 이 질문도 '평가를 의식하게끔 만드는 질문'은 아니지요. 지금 계속 '관계지향형 질문'을 하고 있습니다. 쉬운 답을 유도하려면 이렇게 가끔 '닫힌 질문'도 필요하지요.]

[소대장: 교수님, 그런데 김 일병, 이 녀석이 아직도 혀가 짧습니다. 이걸 어쩝니까? 제가 나가서 군기를 좀 잡을까요?]

[필자: 아, 쫌! 면담이 원래 그런 겁니다. 기다려봅시다. 박 병장이 질문의 모든 기술을 익힌 사람이에요.]

"이번에 휴가 나가면 부모님이랑 할머니도 뵙겠네?"

"예."

[소대장: 이런, 이런, 교수님! 박 병장이 쓸데없이 너무 당연한 질문을 던지고 있습니다!]

[필자: 아니지요. 박 병장이 김 일병에게 사랑하는 가족들의 기대감을 떠올리게 하고 있습니다. 김 일병이 기대를 저버리는 실망스러운 일을 하지 못하게 말이지요. 타인의 시선을 의식하게 만드는 일종의 '객관화 질문'이지요.]

[소대장: 아니, 교수님, 웬 질문 종류가 뭐 그리 많습니까?]

"그렇구나. 부모님과 할머니께서 엄청 반가워하시겠구나."

[필자: 박 병장이 '말 따라 하기'도 잘합니다. '호감'을 끌어내는 '적극적 소통 자세'이지요.]

"…"

[소대장: 아이고, 교수님. 답답합니다! 김 일병, 저 때려죽일 놈이 혀를 말뚝에 묶어놨나, 왜 저리 말을 안 합니까!]

[필자: 면담이 원래 그렇다니까요. 침묵도 인내해야 해요. 질문을 잘하면 잘 풀릴 겁니다.]

"그렇지? 오랜만에 무척 반색하시겠지? 네가 좋아하는 김치찌개도 끓여주시고. 그렇지?"

"…"

[소대장: 저건 질문이 아니지 않습니까? 부모가 당연히 '반가워한다.' 이겁니다. 이거 쓸데없는 질문 아닙니까?]

[필자: 아니지요. 머릿속에 가족의 정과 기대감을 살짝 그림으로 그려보게끔 유도하는 겁니다. 고도의 '유도형 질문'이지요. 자칫 자행할지도 모를 엉뚱한 행동을 예방하려고 가족의 기대감이라는 족쇄를 채

우는 겁니다.]

"이번에 나가서 그 여자도 볼 거야?"

[소대장: 아, 교수님, 변죽만 울리다가 드디어 박 병장이 이제야 본론을 시작했습니다!]

[필자: 변죽이 아니라, 지금까지는 '사람지향' 경청 유형이었지요. 이제 '분석지향' 경청 유형으로 장르가 바뀌는 겁니다.]

"…."

[필자: 박 병장, 배운 대로 잘해야 합니다!]

[소대장: 그렇습니다. 힘내야 합니다! 박 병장 어깨 위에 조국, 대한민국의 국가 안보가 걸려 있습니다!]

"…."

"…."

박 병장은 초반부터 첩첩산중이다. 힘들어 돌아버리겠다. 죽을 것 같다.

(아이고, 죽겠네. 김 일병, 이 자식, 왜 이리 말이 없어!)

홍어는 썩어야 맛이고, 말은 해야 맛인데, 이 죽일 놈이 당최 입이 무겁다. 입 닫은 놈 속은 그 어미도 모른다고 했다. 무슨 속내인지, 영판 이놈 머릿속을 헤아릴 수가 없다.

(미치겠다! 인~내하라고? 온~유하라고? 그놈의 특수 면담 교육이 나를 죽이네! 빌어먹을, 그 남 교수 …!)

그래도 여기서 무너지면 안 된다. 박 병장은 인내한다. 그래, 옛말에도 '참을 인(忍)' 자 셋이면 살인도 면한다고 했다. 박 병장은 끓어오르는 불덩이를 꿀꺽 삼킨 후 어렵게 계속 질문을 던진다.

"그 여자랑 어떻게 만났어?"

[필자: 그렇지요! 단순한 '의문형 질문' 형태이지만, 설명을 요구하는 '열린 질문'입니다. 잘하고 있네요.]

[소대장: 교수님, 아까는 '닫혀버린 질문'이 좋은 거라고 말씀하시지 않았습니까?]

[필자: 책을 …. 이 책, 제4장 '질문의 원칙과 기술'에 나옵니다. 이제 좀 조용히 하세요.]

"정아요? … 아버지 가게에서 일하는 애예요."

"어? 어? 룸살롱? 어? 어? 그래?"

[소대장: 헉, 룸살롱 …! 교수님, 아이고! 박 병장도 당황하고 있습니다! 집중력을 잃은 듯합니다!]

"…."

"…."

대화가 또 싹뚝 끊겼다. 어색하다.

[소대장: 아이고, 교수님, 박 병장이 벌써 소주 한 병을 거의 다 마셔버렸습니다. 이걸 어쩝니까?]

[필자: 그렇다고 해서 박 병장이 '시간지향' 유형의 경청 태도를 보이면 안 되는데요.]

말을 이어야 면담이 진행되는 것 아닌가? 박 병장은 혼자 쫙 설파하고 싶은 충동을 느낀다. 하지만 (참자!) 상대 입에서 말을 끄집어내려면 종종 어색함도 인내해야 한다. 그래, 이제 알겠다. 면담이란 원래 힘들다. 세상에서 제일 힘들다. 처량한 달빛 아래 완전군장 메고 고장

난 야전삽으로 언 땅을 밤새워 파는 것보다 더 힘든 작업이다. 박 병장은 참는다. 계속 질문을 던진다.

"네가 이러는 것 보니, 그 여자애, 엄청 예쁜가 보구나?"

[필자: 박 병장이 드디어 '칭찬거리 끌어내는 질문'에 돌입했습니다. 상대방을 추어올리려고 작심한 말마중은 감정의 실타래를 푸는 최고의 '유도형 질문'이지요.]

[소대장: 교수님, '말마중?' '실타래?' '유도형?' 그게 뭔가 특수 공작 같은 겁니까? 아, 아, 죄송합니다. 이 책을 꼭 읽겠습니다.]

"정아요? 예뻐요. … 사진 보실래요?"

조금씩 김 일병 입이 터지기 시작한다. 김 일병은 가슴 호주머니에서 사진을 꺼내 보여준다.

"인마, 야바위 치지 마. 이거 블랙핑크의 그 애 아냐? 아, 그 예쁜 애 이름이 뭐지?"

[필자: 옳지! 칭찬입니다. '인정감 통'을 채워주는 거지요. '지지적 피드백'을 배운 대로 잘 줬습니다.]

[소대장: 교수님, '인정감 통'이라니, 무슨 '통'을 말씀하시는 겁니까?]

[필자: 인정감 통이라고 이 책 뒤에 나와요.]

뿌듯한 인정감이 김 일병의 가슴을 가득 채운다.

"아녜요. 정아예요. 정말이라니까요."

달빛에 비친 김 일병의 굳은 얼굴이 모처럼 펴졌다. 박 병장도 따라서 미소 짓는다. 자세히 보자. 김 일병이 오른 손목을 꺾어 한잔을 쭉

들이켰다. 박 병장은 조금 어색하지만, 얼른 왼손으로 바꿔 잡고 마지막 잔을 비운다.

[필자: 와, 왼손을! 대단합니다. 고난도 기술이 들어갔습니다. 박 병장이 '미러링(mirroring)'까지 하고 있습니다!]

[소대장: 쟤는 왜 갑자기 왼손잡이가 …. 뭐라고 하셨습니까? 아, 죄송합니다. 곧 책을 끝까지 읽겠습니다.]

김 일병의 딱 붙었던 입이 드디어 쩍 떨어진다. 맺혔던 속이 풀어져 말이 되어 나온다.

"그날도 오늘처럼 저런 둥근 달이 떠 있었어요 …. 낙엽이 졌지요. 가을이었어요. 아버지 가게 앞에서 괴롭게 토하는 한 여인을 보게 됐어요."

김 일병은 그녀와의 만남과 연애 과정을 설명한다.

"아, 그랬구나!"

[필자: '말 따라 하기' 중에서 '맞장구치기'입니다. 박 병장이 지금 '적극적 경청 자세'의 모범을 보이고 있습니다.]

[소대장: 박 병장이 지금 잘하고 있는 겁니까? 나 같으면 김 일병 저 녀석, 뒤통수를 한 대 ….]

"군대 오기 전에 한 달 동안 찐하게 사귀었어요."

"아, 그랬구나. 쯧쯧, 군대 와서 힘들었겠네. 그런데 사귀면서 네가 얻은 게 있겠지. 그게 뭘까?"

[필자: 아, '맞장구치기'와 함께 드디어 '공감 표현'이 나왔습니다. 훌륭합니다. 면담 목적도 완전히 이해했네요. 충고나 조언이 아니에

요. 질문만으로 김 일병을 돕고 있어요. 스스로 매사에 '가치'를 찾도록 말입니다. 그렇지요. 계속 질문입니다. '가치'를 묻는 '확대 질문'입니다. '모색형 질문'이고 또한 설명을 요구하는 '열린 질문'이지요. 박병장, 대단합니다!]

[소대장: 교수님, 알겠습니다! 아니, 잘 모르겠습니다. 이 책을 마지막 쪽까지 악착같이 읽겠습니다!]

"나를 의지하는 정아를 보면서, 난생처음 내가 남을 위해 할 수 있는 일이 있다고 느꼈어요."

"그렇지, 그렇지, 자신감이 생겼구나. 그런데 편지 받고 요즈음 괴로웠지?"

[소대장: 아, 서당 개 몇 분 만에 이제 알겠습니다. 박 병장이 방금 '맞장구치기'와 '공감'한 거 맞지 않습니까?]

[필자: 정확히는 '추임새 넣기', '해석하기' 그리고 '확대 질문'을 하면서 '공감 거리 끌어내는 질문'을 한 거지요.]

[소대장: 아, 예, 이 책에 …. 책을 끝까지 ….]

"예, 처음엔 황당했어요. 오랫동안 멍했지요. 그럴 리가 없다는 생각만 들었어요. 죽고 싶었어요. 곧 결혼한다네요."

"이런, 이런, 정아한테 배신감이 크겠네 …."

[소대장: 교수님, 이건 분명한 것 같습니다. '맞장구치기'와 '공감'입니다.]

[필자: 맞습니다. '해석하기'라는 적극적 경청 방법도 들어갔고요.]

"정아에게 배신감요? 아니에요. 배신감은 아버지 가게에서 웨이터하던 그놈한테요. 나랑 친하던 놈인데 …. 하긴 그놈이 성실하긴 해요.

착하고요. 나보다 낫지요. 정아에게는 오히려 잘된 일인지도 몰라요."

"잘된 일이라고? 너 참 대단하다. 진정한 사랑이 그런 거로구나! 네가 정아를 정말 사랑했어! 그렇지?"

"예."

[필자: 박 병장, 훌륭합니다. '말 따라 하기'에서 '뒷말 반복하기', '칭찬하기', '해석하기' 그리고 '확인 질문'까지 했네요. '역발상'으로 칭찬거리를 찾아낸 점은 정말 소통의 도사급입니다. '인정감 통' 채워 주기를 하다니. 정말 대단합니다.]

[소대장: 흐흐흐, 교수님, 대단하십니다. 특수 면담 교육 효과가 컸습니다. 제가 책을 꼭 ….]

이렇게 박 병장은 계속 질문했다. 사귐과 헤어짐에서 김 일병이 어떤 정신적 성장을 하게 됐는지. 그 성장을 마련해준 정아를 과연 진정 고맙게 생각하는지. 그놈과 결혼한다는데, 왜 정아에게 오히려 잘된 일이라고 생각하는지. 진심으로 행복을 기원할 자신감을 느끼고 있는지. 그래서 이번에 휴가 나가서 정아를 만나면 뭐라고 말할 건지. 박 병장은 밤새워 김 일병의 아쉬움, 분노, 절망, 하소연, 자기 성장의 확인, 감사함 그리고 향후 대책과 각오를 귀담아 들어주었다.

(그런데 소대장은 다 모으면 벽돌같이 두꺼운 이 책 세 권을 과연 끝까지 읽었을까?)

면담자는 귀가 달린 거울

훌륭한 면담자는 '거울'이다. '귀(耳)가 달린 거울'이다. '귀 기울여 잘 들어주는 거울'이다. 박 병장은 거울이 되어주었다. 박 병장이라는 거울 앞에서 김 일병은 자신의 문제를 끄집어내 직시했다. 대부분 사람은 자기 문제가 뭔지 스스로 잘 안다. 귀 기울여 들어주는 사람이 필요할 뿐이다. 경청 자체가 도움이다. 박 병장은 질문하고, 김 일병은 주절주절 말했다. 그러다 보면 해결 방안도 스스로 깨우치게 되는 법이다. 김 일병 마음속에는 억압된 감정의 응어리가 많았다. 그것을 거울에 비춰 보았다. 귀 달린 거울에 마구 표출할 수 있었다. 정신의 안정을 찾게 된 것이다.

그렇다면 '귀담아듣는다.'라는 경청은 도대체 어떻게 생긴 것일까? 다음 장에서 본격적으로 살펴보자.

면담(面談, face-to-face talk)은 '인간 이해'다. 공감능력이 부족한 상사에게 필수적이다.

☐ 제대로 된 면담은 사람멀미와 '직장 내 괴롭힘 방지'에 '미사일'만큼 그 효과가 크다.

- 면담은 '부하를 한 인간으로서 이해'할 수 있는 가장 유용한 방법이다.
- 부하를 '수단'이 아니라 한 '인간'으로 인식하게 되면 차마 함부로 대할 수 없다. 인간 존엄에 예절을 갖추게 된다. 부하들의 불만이 대폭 줄어든다.

☐ 아는 만큼 보인다. 내 이해가 선행되면, 쉽게 알아채고 느낄 수 있다. 공감이 더 잘 발현된다.

- 부족한 인지(noticing)능력에도 불구하고 잠재적인 불만, 어려움, 괴로움 등을 쉽게 알아챌 수 있다. 적어도 무지와 오해를 예방할 수 있다.
- 느끼기(feeling)능력이 부족하더라도, 부하가 설명하는 감정의 일면이나마 머리로 받아들일 수 있다.
- 판단(sense making)과정에서 심리적 유연성은 대폭 향상된다. 내가 이해한 사람, 나와 가까운 사람의 일이라면, 공감을 억제하는 판단은 많이 줄어든다. 그래서 더 쉽게 공감이 작동한다.
- 공감이 작동하며 죄책감을 느끼게 되니, 모욕적 언행을 자제하게 된다.

☐ 면담은 부하를 무심코 괴롭히는 '나쁜' 상사라는 오명을 피할 수 있는 유용한 방법이다.

크게 보면, 면담은 인재 관리의 핵심 수단이다.

☐ 면담은 또한 '좋은' 상사가 되기 위한 필요조건이다.

- 경영은 애정이다. 경영의 핵심은 인재 관리다. 따라서 애정은 인재 관리
  의 근간이다.
- 부하를 친동생처럼 여기는가? 관리자라면 근무 시간의 3분의 1은 인재 관
  리에 쏟아야 한다.
- 애정은 부하의 '복리후생'과 '육성' 그리고 부하와의 '면담'에 쏟는 관심과
  실천 의지로 나타난다.

☐ 그중 면담이 가장 힘들다. 애정의 결정적 의지 실천은 면담이다.

인재 관리에는 물론 '제도적 통제 장치'도 긴요하다.

☐ 인재 관리에는 애정뿐 아니라, 제도적 통제 장치도 물론 필요하다. 애정과 통
  제가 균형을 맞춰야 한다.

- 통제 시스템이란 치밀한 목표설정, 냉혹한 평가 그리고 육성형 피드백 제
  공 제도를 말한다.

면담의 기본자세는 인내심과 온유함이다.

☐ 면담에서 인내심과 온유함을 유지하기란 사실 쉽지 않다.

- 그게 그렇게 쉬웠다면, 우리 주변은 이미 인재 관리를 잘하는 세계적 일류
  조직으로 가득 찼을 것이다.

☐ '인내심'은 내 감정과 혀를 잡아매는 쇠 말뚝이다.

- 솟아오르는 황당함, 분노, 울화, 진땀, 호통 등을 통제한다. 내 입에서 근
  질거리는 지적질, 잔소리, 설교, 훈계, 질책, 심지어 설득의 욕구를 억제한
  다. 내 말을 줄일 수 있다.

☐ '온유함'은 상대의 입(口)을 열게 만드는 황금 열쇠다.

- 인내하여 내 입을 닫고, 온유함으로 상대 입이 열려야 비로소 경청이 가능

해진다. 면담은 경청이다.

인간 이해뿐만 아니라, 면담은 '도움'이다. 부하의 심리 치유, 성장, 자율성 회복을 돕는 것이다.

☐ 면담은 부하 스스로 잘못을 깨닫게끔 도와주는 수단이다.

- 면담은 결코 질책, 훈계, 설교, 교육이 아니다.

☐ 부하가 자발적으로 창의적 해결책을 찾도록 도와주는 중요한 경영활동이다.

- 부하의 숙고와 성장 욕구를 촉발해야 제대로 된 면담이다.

☐ 면담은 '경청'이다. '귀를 기울여 듣는다.'라는 뜻의 경청은 부하의 심리 치유도 촉진한다.

- 훌륭한 면담자는 '거울'이다. '귀가 달린 거울'이다. '귀 기울여 잘 들어주는 거울'이다.

☐ 결론적으로 말해 면담, 경청, 질문의 연관성과 효과는 다음과 같다.

- 면담의 기본자세 = 인내 + 온유 → 대화 독점 자제 → 상대의 가슴과 입 열기
- 질문 잘하기 → 경청
- 경청 → 인간 이해, 심리 치유, 부하 성장 그리고 자발성 회복
- 꼰대를 벗어난 멘토의 통찰력 넘치는 질문 → 상대의 깨우침

면담에 관해 생각해볼 시간이다. 가장 상대하기 힘든 부하직원 한 사람을 골라서 다음 물음에 답해보자.

☐ 지난 한 달간 그 부하와 면담에 몇 시간을 보냈는가?

- 면담의 목적이 무엇이었는가? 정녕 인간 이해, 심리 치유, 개인적 애로사항 해결, 성장 도움 그리고 자율성 회복이었는가?
- 자신의 인내심과 온유함을 어떻게 평가하는가?
- 주로 질문했는가?
- 면담 시간의 80% 이상을 경청했는가?

☐ 부하에게 애정을 지니고 있는가? 친동생처럼? 즉 부하의 복리후생, 교육 및 육성 그리고 면담에 얼마나 관심을 쏟고 있는가?

- 그 부하는 출퇴근에 얼마나 시간을 소모하나? 어느 정도 힘들어하는가?
- 부하의 가정형편은 어떤가? (이는 물론 신뢰가 형성된 후에 파악할 수 있을 것이다.) 배우자의 직업은? 부하의 자녀들 이름을 아는가? 혹은 이름을 휴대전화 등에 기록해놓았는가?
- 부하가 느끼는 직장과 가정의 애로사항은 무엇인가?
- 부하의 꿈은 무엇인가? 장점 및 약점은? 부하의 성장과 경력관리를 돕기 위해 어떤 방법을 강구하고 있는가?

☐ 만약 위의 질문에 긍정적인 답변을 상세히 할 수 있다면, 여러분은 일류조직을 만들 수 있는 훌륭한 리더가 될 자질을 이미 갖춘 사람이 분명하다.

제2권 제1장

이 QR코드를 휴대전화의 QR코드 앱으로 인식하면 토론방으로 연결되어 여러 독자들이 남긴 소감을 접할 수 있습니다. 여러분의 느낌도 써주십시오. 이 책의 저자와 질문으로 소통할 수도 있습니다.

제2장

경청의 본질

"많은 사람들이 '나는 말을 잘하니까
인간관계를 잘한다.'라고 생각하고 있다.
대인관계의 핵심이
듣는 힘에 있다는 사실을 모르는 것이다."
—피터 드러커(Peter Drucker)

귀를 기울여 들어줌으로써 사람의 마음을 얻는다.
以聽得心(이청득심)

HOW TO BETTER USE
YOUR EARS

'대중에게 다가서는 지름길은 혀 내밀기가 아니다. 귀를 내미는 것이다. 내가 아무리 달콤한 말을 한다 해도, 상대방 처지에서는 자기 이야기의 절반만큼도 흥미롭지 않은 법이다.'[1] '인내심'으로 내 혀를 붙잡아 매고, '온유함'으로 상대의 입을 열면, 경청이 된다. 경청은 면담을 포함한 모든 커뮤니케이션의 기본자세다.

무릇 직장에서 관리자는 구두 커뮤니케이션(보고, 지시, 회의, 토론, 상담, 면담 등 말하고 듣기)으로 하루의 절반 이상을 보낸다.[2] 이 중 '듣기(listening)'의 중요성은 종종 과소평가되어 있다. 신은 우리에게 귀는 두 개, 입은 하나만 주셨다. 듣는 일이 그만큼 중요하기 때문이다.[3] 말하기가 '요령과 기술'이라고 하면, 경청은 '마음과 자세'다.[4] 경청은 최고의 '설득' 및 '배움'의 방법이다.

---

1   Dorothea Dix(1802~1887)의 말이다. 미국 남북전쟁 당시 육군 여성 간호조직의 지도자였다. 사회운동가로서 정신병원과 교도소 시스템의 혁신을 이끌었다. 칼럼니스트로도 활동했다.

2   Mintzberg, H. (1973). 이 저자는 CEO의 업무를 세계 최초로 분석하였다. 하루 업무 시간의 78%가 구두 커뮤니케이션이었다. Porter, M. E., & Nohria, N. (2018). 이 논문에 의하면 정보통신 기술(e메일, 사내 메신저 도구 등)의 발달에도 불구하고, CEO의 소통 시간은 줄지 않았다. 약 80%의 시간을 소통으로 보낸다고 추정할 수 있다. (그룹 통화, 화상 회의도 구두 소통이다.) 중간 관리자는 하루의 절반 이상을 말하고 듣는 구두 소통으로 보내는 것으로 추정된다. 최근 세대는 얼굴을 맞댄 구두 소통보다는 짧은 문자를 주고받는 소통에 더 익숙한 것도 사실이다. 그럼에도 Nichols, R. & Stevens, L. (1999). 5쪽의 관찰에 의하면 대졸 신입사원의 경우 여전히 읽는(reading) 시간보다 듣는(listening) 데 보내는 시간이 세 배나 많다고 한다.

3   메리 케이 애시(Mary Kay Ash, 1918~2001)의 말이다. 미국의 포천 500대 우수기업에 선정된 화장품 회사의 설립자다. 일반적 기업이 중시하는 P&L을 이익(profit)과 손실(loss)로 해석하지 않고 사람(people)과 사랑(love)으로 여기는 인간 중심적 경영철학으로 유명하다. 자신의 가장 중요한 경영 기술로서 들을 줄 아는 능력을 꼽았다.

4   박노환. (2002).

경청: 두 귀로 설득하는 방법

 사례 7

수년 전 지방선거 직전이었다. 필자가 어떤 지역의 노인회장을 만났더니, 그 지역 구청장 후보로 나선 사람을 사뭇 비난해댔다. 찾아오지도 않고, 어른을 우습게 알고, 얼굴은 먹다 만 쑥떡 같은데 말만 많고, 고향 사람도 아닌 타관바치이고, 성질도 더러운 잡것, 경망스러운 개차반이란다. 얼씨구, 그 구청장 후보가 그렇단다.

"회장님, 그 친구가 그런 사람이 아닌데요."

내가 아무리 변호해도 그 노인회장은 막무가내였다. 고집불통이었다.

구청장 후보를 만났다. 내 말을 전해 듣자마자 그 자리에서 벌떡 일어섰다.

"형님, 제가 당장 찾아뵙겠습니다."

내가 두 손을 잡고 신신당부했다. '참을 인(忍)' 자를 가슴에 새기고, 혀를 붙잡아 맨 상태에서, 눈과 귀로 공손히 듣기만 하라고. 한 시간가량 설득했다. 등짝도 후려쳤다. 손가락을 걸어 맹세도 받아두었다.

그다음 날 소식이 왔다. 구청장 후보는 노인회장의 한도 끝도 없는 이야기를 정말 약속대로 입 꼭 닫고 듣기만 했단다. 무려 두 시간이나! 노인회장님의 소년 시절 동네 개울에서 물장구치던 추억부터 시작하여, 6 · 25 전쟁 당시 살 떨리던 피난 경험, 자녀들 한 명 한 명 시집 · 장가보낸 상세한 사연(무려 일곱 남매나), 그리고 지난 선거에서 자신의 활약상 자랑까지 하염없이 들었단다. 자신은 대꾸만 하고, '죄송합니다! 앞으로 잘하겠습니다!'만 딱 세 번 외쳤다고 했다. 며칠 후 노인회장이 나에게 전화했다.

"알고 보니, 그 사람 괜찮더구먼. 사람이 됐어! 말도 참 잘하던데."

내 귀를 열면 상대의 마음마저 얻을 수 있다. 그야말로 이청득심(以聽得心)이다. 『삼국지』를 다시 읽어보자. 조금 '맹~'한 듯한 유비를 존경하지 않을 수 없다. 평범한 사람들이 할 수 없는 행동을 하니 말이다. 풍찬노숙하던 유비 현덕이 처음으로 정주 중산부 안희현이라는 작은 고을의 현위라는 미미한 공직을 맡았을 때 이야기다.

현덕이 부임한 지 한 달 남짓 되었다. 그는 언제나 온화한 표정으로 고을을 돌아다니며 백성들에게 어려움이 없는지 물었고, 그들이 하는 말은 아무리 당치 않아도 끝까지 표정을 바꾸지 않고 들어주었다. 그가 한 일은 다만 그뿐이었다. 그러자 고을에선 드디어 명관을 만났다며 그를 칭송했다.[5]

---

5   양선희(편작). (2013). 81쪽.

"아, 사장님이 고개를 끄덕이며 내 이야기를 5분 동안이나 들어주셨다!"

임직원들에게 이처럼 가슴 뛰는 일은 없다. 더구나 사장이 귀 기울여 자신의 무용담까지 들어줬다면, 그 사장을 위해서 기꺼이 목숨을 바치게 된다. 인정감 충만 상태이니 그렇다. 인간은 그렇게 만들어졌다. 경청은 상대의 가슴속에 인정감을 가득 채워주는 최고의 방법이다. 내 편으로 만드는 설득 효과 만점의 마법 지팡이다.

경청: 두 귀로 배우는 방법

많은 사람이 경청을 배움의 수단이라고 강조한다. "나는 말을 해서 배운 것은 하나도 없다. 오로지 질문할 때에만 무언가를 배운다."[6] 질문하고 경청했다는 이야기다.

《조선일보》 어수웅 기자의 글을 인용하자.[7]

"자신이 똑똑하다고 믿는 한 영국 작가가 어느 결혼식에 하객으로 참석했다. 피로연에서 옆 좌석 하객과 대화하다 화제가 미국의 보건 의료로 이어졌다고 한다. 한참 얘기 나누고 헤어진 뒤 신부 동생이 작가에게 물었다.

'그 사람 얘기해보니 어때?' '바보는 아닌 것 같던데?' (작가의 답변에) 신부 동생은 경악했다. '뭔 소리야, 그분 노벨상 수상자야.' 멍해진 작가가 물었다. '전공은 뭐야?' '미국의 의료 서비스.'

작가는 다른 자리에서 이렇게 썼다. '고백하건대, 그 사람은 정말 말

6　루 홀츠(Lou Holts, 1937~)는 미국의 전설적인 풋볼코치이다.
7　어수웅. (2019. 10. 28.).

도 안 되는 내 수다를 훨씬 더 열심히 들으며 배우는 것 같았다.' 그의 이름은 로버트 포겔, 1993년 노벨 경제학상 수상자다."

그런데 경청이 쉬운 일일까? 경청은 쉽게 익힐 수 있는 마음가짐이 아니다. 인내와 온유라는 인격이 무르익어야 비로소 배어 나오는 대인 자세다. 여러분은 부하들의 보고나 발표를 들을 때 또는 면담 시에 어떤 경청 태도를 보이는가? 다양한 인격이 드러난다.

네 가지 경청 유형

아래 사례에서 경청 유형을 파악해보자. 네 가지다.

 사례 8

(1) 필자가 사장일 때다. 중국 북경의 사무실로 출장을 갔다. 출근하자마자 마음에 쏙 드는 김 상무가 들어왔다.

"김 상무, 어서 와! 커피 한잔할래? 아이고, 얼굴이 쭈그러들었네. 요즘 힘들지? 이리 와. 여기 앉아서 툭 털어놔 봐. 내가 뭘 해줘야 해?"

나는 미소 띤 얼굴로 들어주었다.

(2) 그날 오전에 김 상무 건의대로 회의를 열었다. 내가 질문을 던지기 시작했다.

"중국 정부가 곧 경기 부양책을 시행할 거라고? 정확한 정보야? 소스가 뭐야? 은행 대출을 마구 받은 기업들이 결국 부동산에 투자할 거라고? 과거 사례가 있나? 토지가격이 상승하기 전에 빨리 북경시와 토지구매 협상을 끝내야 한다면, 어느 정도 시간이 있는 거야? 얼마나 상승할 것 같아? 공동 투자자들은 준비가 됐나? 파악해봤어? 생각 좀 해라. 내일 다시 하자."

(3) 이튿날 회의가 다시 열렸다. 기획팀장의 발표가 늘어졌다. 준비 시간이 부족해서인지 조리도 없어 보였다. 나는 참을 수가 없었다. "결론부터 말해봐요! 언제까지 북경시와 협상을 끝내야 한다는 겁니까? 그 이유는 뭐예요? 핵심만 말해봐요. 내가 뭘 어떻게 하면 좋겠어요?"

(4) 답변이 또 길어졌다. 나는 보고가 마뜩잖았다. 눈을 감고, 두 손으로 턱을 괴고, 한숨을 내쉬고, 벽시계를 자꾸 쳐다보고, 휴대전화 문자 메시지를 들여다보기 시작했다.

면담에서나 회의에서나 사람마다 다른 사람의 말을 듣는 스타일이 다 다르다. 질문해야 경청할 수 있으니, 질문 스타일도 다 다르다. ▶옛날 연애할 때 여러분은 연인의 말을 어떤 식으로 들어줬는가? ▶검사는 피의자에게 어떤 식의 질문을 하고, 진술을 들을 때 어떤 태도를 보일까? ▶판단력은 빠르나 대신 인내력이 부족한 상사라면 부하의 보고를 들을 때 주로 어떤 말과 행동을 할까? ▶급박한 경영환경에 처한 상사는 부하에게 어떻게 질문하고, 부하의 보고를 어떤 식으로 들을까? 각기 다를 것이다.

또한, 조직문화에 따라서 경청 스타일도 다르다. ▶꼼꼼한 분석 만능주의 조직문화인가? ▶아니면 행동지향주의 조직문화인가? 조직문화가 상사들이 질문하고 경청하는 스타일을 지배하기도 한다. ▶즉 상대와의 관계, 듣는 사람의 성격 및 인품, 직업, 경영환경 그리고 조직문화에 따라 경청 유형이 결정된다.

이 세상에는 네 가지 '경청 유형(listening style)'이 존재한다.[8] 경청 유형에 따라 던지는 질문도 달라진다. 여러분은 통상 다음 네 가지 중 몇 가지를 복합적으로 가지고 있을 것이다. 이 책에서 계속 나오는 용어이니 네 가지 경청 유형을 이해해두자. 나의 습관이 무엇인지 되돌아볼 기회이기도 하다.

1. 사람지향 유형

위 사례에서 필자는 김 상무의 '감정을 확인'하고 커피 한잔을 '배려'하면서 김 상무에게 '관심'을 보여주며 신중히 들었다. '사람지향(people-oriented)' 경청 유형이다.

이러한 '사람지향' 태도가 물론 항상 좋은 것만은 아니다. *(근데 이 친구, 자신의 문제를 지적해주면 기분 나쁘겠지?)* 상대의 단점을 지적하지 못하기도 한다. 모든 사람과 관계 설정이 중요하다고 생각하기에 종종 '공격적인 추진력'을 상실할 수도 있다.

---

8   Watson, K. W., Barker, L. L., & Weaver III, J. B. (1995). 경청 유형을 분류한 대표적 논문이다. 대부분 사람은 선호하는 듣기 유형을 지니고 있다. 경험이 축적되면서, 귀에 들어오는 정보에서 무엇이 중요한지 고르고 또 그것을 해석하는 신념과 경향이 제각기 다르기 때문이다.

2. 분석지향 유형

그 후 오전 회의에서 나는 계속 질문을 던졌다. 온갖 측면의 완전한 분석을 듣고 싶었다. 이는 '분석지향(content-oriented)' 유형이다. "정확한 정보야?" 보고 내용의 '명료성 및 정확성' 시험이다. 공동 투자자의 준비 상태까지 고려한 '사고의 다양성'을 확인했다. "얼마나 상승할 것 같아?" '복잡한 정보'도 빠짐없이 듣고자 했다. 상사가 분석적이다. 지적 도전을 즐기는 사람이다.

물론 분석이 시시콜콜 지나치면, *(사장님이 그런 것까지 알 필요가 있나?)* 불필요하게 세부 내용에 집착할 수도 있다. *(적당히 좀 하시지. 스트레스받네.)* 종종 부하들을 힘들게 만든다. *(한없이 질문하고 듣기만 하실 건가?)* 완전한 정보와 완벽한 분석을 끊임없이 요구하다 보면, *(100% 완벽한 정보와 분석이 이 세상에 존재한다면 어린애라도 의사결정하겠네.)* 결단력 부족으로 비칠 수도 있다.

3. 행동지향 유형

둘째 날 회의에서는 나의 행동지향(action-oriented) 경청 유형이 드러났다. '결론부터 말해봐요!' '뭘 어떻게 하라는 거야?' 사장이 취해야 할 중요하거나 시급한 '행동', 즉 결론에 초점을 맞추라고 촉구했다. 만약 점잖게 교육한다면, 앞으로 부하들은 문제 핵심에 빨리 도달하게 된다. 중요한 사안 그리고 시급한 문제에 집중하는 습관이 형성된다.

하지만 손바닥을 뒤집어보자. 심하면 부하들이 긴장한다. 퉁명한 질문을 부하들은 신랄한 비판으로 느낄 수 있다. 그러니 앞으로 상사의 지침을 받고 나서야 일할 소지가 크다. 피동적 업무 태도가 고착될 수도 있다.

4. 시간지향 유형

에구구, 철떡서니 없이 내가 왜 그랬을까? 위 사례에서 회의 끝에 필자는 보고를 들으며 한숨 쉬고, 턱을 괴고, 딴짓하는 등 시간 낭비를 인내하지 못하겠다는 암시를 뿜어댔다. 벽시계를 자꾸 쳐다보면서 시간 단축을 압박했다. '시간지향(time-oriented)' 경청 유형이다. 참 못됐다.

물론 장점도 있다. 부하들은 '짧으나 효과적인 소통'에 익숙해지게 된다.

하지만 심하면 부하들이 서두르게 된다. 집중하지 못한다. 실수하기 십상이다. 창의성 발휘도 힘들다. 별로 바람직한 유형은 아니다. 하지만 현실에서는 많은 상사가 시계를 힐끔힐끔 쳐다보며 이야기를 듣는다. 상사들이 부지불식간 가장 흔히 드러내는 경청 태도다.

왜 이런 경청 태도가 나올까?

상사들은 왜 자신도 모르게 분석지향, 행동지향, 시간지향의 언행을 나타낼까? 왜 부하에게 스트레스를 주는 이런 경청 행동을 보인 후에도 반성을 전혀 하지 않을까? (솔직히 필자도 그랬다. 심했다. 지금 반성 중이다. 조금.) 니콜스와 스티븐스(Nichols and Stevens)는 다음과 같이 설명한다.[9] 만약 역사적으로 보존해야 할 중요한 문화유적을 다른 곳으로 옮긴다고 하자. 우선 각종 부재(벽돌, 기둥, 기왓장 등)를 하나씩 뜯어내야 한다. 트럭에 실어 운반한다. 이전 장소에서는 부재를 하나씩 받아서 다시 조립한다.

인간의 소통도 마찬가지다. 전라도 남원 고을에 가보자. 사또 아들, 이몽룡은 자신의 사고를 뜯어내 수많은 단어(인간의 사고는 단어로 구성됐다.)를 보낸다. 입에서 나온 그 단어들을 공기가 실어 나른다. 귀로 단어를 들은 성춘향은 하나씩 조립해서 이몽룡의 사고를 재구성한 후 의미를 파악한다. 비록 16살 숫된[10] 처녀지만 이해 하나는 잽싸다.

(오매~, 나를 오지게 사랑한다는 소리인디잉, 머시라고라? 오매~, 징한 거. 한양에는 따라오지 말랑께에? 우짤까! 그람시롱 아~따 이 염병헐 말을 우째 이리 겁나게 씨부렁씨부렁 길쭉하게 죄죄거린당가!)

바로 단어가, 인간이 생각하고, 말하고, 전달하고, 듣고, 이해하는 기본 수단이다.

그런데 이몽룡이 말하는 속도와 성춘향이 생각하는 속도 중 무엇이 더 빠를까? 이몽룡이 입을 떼고 조금 지나자마자, 성춘향은 그가 무슨

---

9 Nichols, R. and Stevens, L. (1999). 6-9쪽.

10 (편집자 주) '숫되다'는 '언행이 순진하고 어수룩하다.'는 뜻의 순우리말. 예: 그 사람은 숫되고 세상 물정 모른다.

말을 하려는지 미리 다 파악할 수 있다. 단어를 말하는 속도(건물 부재를 보내는 속도)보다 생각하는 속도(받아 조립하는 속도)가 훨씬 더 빠르기 때문이다. 즉 상대가 1분에 125개의 단어(영어의 경우. 한글도 유사함.)를 말할 때 인간의 두뇌는 그보다 훨씬 더 빠르게 핵심 단어만을 추려서 조립하여 의미를 대충 어림해버리는 것이다. 즉 듣는 상사는 충분히 앞질러 이해할 수 있다. 그 속도 차이 때문이다. 듣는 사람의 두뇌에는 다른 생각할 여유가 많다. 똑똑한 사람일수록 여분이 더 많다. 여유로운 두뇌는 온갖 생각을 다 한다. 논리, 이유, 근거, 분류, 비교, 원인, 예측, 시사점 등. 그런데 부하의 보고 중에 뭔가 빠졌다. 아귀가 들어맞지 않는다. 똑똑한 상사는 잠자코 듣고 있자니 답답하고 괴롭다. (다른 이유지만, 똑똑하지 않은 상사도 괴롭기는 마찬가지다. 이해하기 힘드니까.)

"뭔 이야기를 하려는 겁니까!" "결론부터 말해봐요!" "그 주장의 이유가 도대체 뭡니까!" 부하의 말을 날 선 칼로 내리쳐 끊는다. 즉 행동지향 경청 유형이 나온다.

부하의 엉성한 말을 들으면 도저히 분석하지 않을 수 없다. "근거가 뭡니까!" "그걸 말이라고 하는 겁니까!" "논리적으로 좀 말해봐요!" 부하에게 불화살을 쏘아댄다. 분석지향 경청 유형이다.

두뇌의 절반 이상이 놀고 있으려니 지루하다. 시계를 자꾸 쳐다본다. 시간지향 유형이다. 부하에게 곧 날카로운 창을 던지겠다는 몸짓 신호다. 더욱더 답답하면, 여유 많은 상사의 두뇌는 급기야 사냥을 시작한다. 부하의 오류가 자꾸 기어 들어와 평온한 뇌를 괴롭히니 참을 수 없다. 곧 질책의 쇠몽둥이를 힘껏 내리친다. 부하는 그 자리에서 얼어붙는다. 말까지 더듬게 된다. "말 좀 똑바로 해봐요!" 악순환의 시작이다.

그런데 상사만 문제인가? 하긴 부하도 잘해야 한다. 부하의 보고가 고객지향적이고, 구조적이며, 두괄식(주장, 이유, 근거의 순으로 표현하는 방식)이고, 미래지향적이며, 건의형이고, 적극적이며, 한편 조심스럽다면 참으로 좋으련만, (맞다. 지금 필자는 전작(前作) 『7가지 보고의 원칙』을 홍보하고 있다.) 그렇지 않으니 문제다. 엉성하고 앞뒤가 맞지 않고 답답하다. 이해가 곤란하다. 짜증 난다. 악순환의 고리를 끊는 방법이 무엇일까? 인내와 온유도 대단히 중요하지만, 상사는 부하에게 말하기, 특히 보고의 원칙과 기술을 제대로 가르쳐야 한다. 이 역시 대단히 중요한 상사의 의무다.

부하가 원하는 상사의 경청 유형

우리나라 학자들이 대기업과 공기업 현장을 조사해보았다.[11] 네 가지 경청 유형을 살펴본 것이다. 결론은 예상대로다.

▶첫째, 대부분 상사는 자신이 '사람지향' 성향이라고 답하지만, 부하들은 자신의 상사가 "내가 취할 행동, 즉 결론이 뭐야!"를 외치는, 주로 '행동지향' 성향을 지녔다고 답했다. 상사들이 부하라는 '인간'에 관심을 쏟기보단 늘 쫓기듯 급하게 당장의 '실적'만 추구한다는 것이다.

▶둘째, 부하들이 신뢰하는 상사는 인격적 향기가 풍기는 '사람지향' 및 치밀한 사고를 요구하는 '분석지향' 경청 유형을 가진 사람이라고 답했다. 부하들은 상사가 자신을 수단이 아닌 인간으로 대해주길 원하고 있다. 분석지향 경청 유형을 지닌 상사가 자신의 성장을 돕고 있다고 생각한다.

특히, 한 인간을 이해하기 위한 부하 면담에서는 '사람지향'의 경청 유형이 필수적이다. 이는 실험으로도 입증되었다.[12] 상대방 말의 숨은 뜻을 잘 파악하고 이해하는 '대화의 민감성'은 소통능력의 기반이다. 대화의 민감성은 결정적으로 경청 습관에 좌우된다. 사람지향 듣기 유형이 강할수록 대화의 민감성이 높다. 즉 사람지향 듣기 유형을 몸에 익히면 속뜻을 잘 잡아내고 뒷귀[13]가 밝아진다는 뜻이다. 이는 소통능

---

11 한국은·류춘렬. (2013). 218-253쪽.
12 Chesebro, J. L. (1999). 이 논문은 소통의 민감성(conversational sensitivity)과 경청 유형의 상관관계를 밝혔다.
13 (편집자 주) '뒷귀'는 '들은 것에 대한 이해력'을 이르는 순우리말.

력 향상을 말한다.

　인간을 이해하려는 목적의 면담에는 '분석지향' 및 '행동지향' 유형
보다는 당연히 '사람지향'의 습관이 훨씬 효과적이다. 모든 경청 유형
에는 장단점이 있으나, 면담에서 시간지향 유형이 나온다면 이는 부하
얼굴에 얼음물을 확 뿌리는 꼴이다. 장점은 하나도 찾을 수 없다.

　경청 유형? 어렵게 생각할 것 없다. 가장 훌륭한 경청 유형은 침묵
형이다. 가능하면 입을 다물라는 뜻이다. 그런데 그게 어렵다. 왜 어려
울까?

경청(≠본능)＝학습으로써 획득하는 인격

아쉽게도 경청은 인간의 본능이 아니다. 인간 본성을 연구하는 진화심리학을 아무리 뒤져봐도, '인간은 원래 남의 말을 듣기를 좋아한다.'라는 주장은 찾아볼 수 없다. 오히려 반대다. 공감능력이 본능이듯, 인간에게는 '사회적 인정감 획득'의 욕구도 본능이다. 그 본능 때문에 인간은 인정받기 위해 친사회적 행동을 한다. 고도의 사회 구성이 가능했던 이유다. 그러나 인정 욕구의 어두운 면은 '자기 과시'다. "내가 누군지 알아!" 다른 사람이 나를 알아주기 바란다. 그래서 "내가 말이야 ….'를 남발한다. 듣기보다는 당연히 말하기를 좋아한다. 선천적으로 나를 표현하고 과시하고 인정받고 싶은 것이다. 남의 이야기를 듣는 경청은 결코 본능이 아니다.

경청은 오랜 학습으로 취득하는 후천적 능력이다. 인내심과 온유함이 쉽게 계발되는 품성은 아니지 않은가. 팔다리 근육처럼 듣는 능력도 훈련을 거듭하면 발달한다. 본능 억제 훈련이다. 결국, 훌륭한 경청 능력은 인격 성숙의 징표다.

요즘 초등학교에서는 인성교육을 열심히 한다. 본능 순치 교육이다.

학생들의 경청 능력을 키우기 위해 게임도 한다. 역할극이다. 한 학생이 지난 주말 지냈던 일을 발표하는데, 다른 학생들은 사전 약속대로 듣는 둥 마는 둥 딴짓하는 시늉을 한다. 말하는 학생은 속이 상한다. 교사가 상황과 문제점을 설명한다. 발표한 학생은 속상했던 감정을 공유한다.[14]

초등학생들에게 가르치는 경청 기술은 간단하다. ▶1단계, 바라보며 듣기(눈 맞추기, 몸을 말하는 사람 쪽으로 향하기), ▶2단계, 요약 정리하며 듣기("그러니까 이런저런 말이네."), ▶3단계, 반응하며 듣기(고개 끄덕이기, 추임새 넣기), ▶4단계, 질문하며 듣기다.(생각하라는 뜻이다. 그래야 질문이 가능하다.)[15] 자, 여러분은 안도할 것이다.

(아니, 우리 때는 왜 이런 교육이 없었을까? 다행이다. 내 잘못이 아니네. 다 교육부 탓 아닌가?)

맞다. 경청은 본능을 길들이는 인성교육의 결과다. 교육받은 적이 있는가? 그간 가정이나 학교, 직장에서 토론, 경청 그리고 질문하는 방법 말이다. 없다면 이제부터라도 스스로 훈련해야 한다. 작심하고 특별 훈련에 돌입하자.

---

14 Leesam, (2019).
15 나승빈, (2018).

적극적(active) 경청 방법

부하는 인정받고 싶다. 인간 본능이다. 그래서 말하고 싶어 한다. 어? 아니라고?

(아닌데요. 부하가 스스로 입에 철컥 자물쇠를 채워놨어요. 말을 안 해요. 내가 경청을 하고 자시고 할 것도 없는데 어쩌지요?)

자물쇠는 사실 부하 자신이 아니라 상사가 채웠다. 상사가 자신을 통제하지 못한 것이다. 말하고 싶어 하는 자신의 본능을 억제하고 인내심으로 자신의 혀를 묶어놓지 못했으니 부하의 입에 자물쇠가 채워진 꼴이 되었다. 온유함이 부족한 탓에 부하 입의 자물쇠도 풀지 못했다.

그런데 인내심과 온유함으로 부하 입의 자물쇠만 풀어놓으면 그만인가? 아니다. 말을 계속하게끔 부하를 유도해야 한다. 따져보자. 경청이란 '상대가 말할 때 조용히 귀담아 들어주는 행동'이다. 맞는 말일까? 틀렸다. 그저 가만히 소극적으로 귀만 열어놓는 행동은 경청이 아니다. 듣기(hearing)다. 경청은 적극적(active)인 행동이다.[16] 익혀두면 좋을 다양한 '적극적 경청'(active listening) 방법을 소개한다.

---

16 Zenger, J., & Folkman, J. (2016).

배우자에게 실험하는 비언어적 반응 제공

우선, 몸짓부터 학습하자. 적극적 경청에서 가장 쉬운 방법이 '비언어적 반응 제공'이다. ▶'귀'만 사용하는 것이 아니다. 동감을 표현하는 ▶'고개'(끄떡임)와 ▶'손'(손뼉치기, 만세 부르기, 여성들은 심지어 상대 어깨를 손날로 가격하기도 한다.) ▶'발'(발 구르기), ▶미소 띤 '얼굴', ▶상대의 감정 변화에 민감히 반응하는 '눈' 그리고 ▶공감으로 가득 찬 '가슴'까지 모든 신체를 동원하는 행동이다. '비언어적 반응 제공'은 가장 손쉬운 적극적인 경청 방법이다. 소통의 효과를 한없이 높인다.

오늘 집에서 배우자에게 실험해보자. 우선 배우자에게 뭐든 이야기를 좀 길~게 하라고 부탁한다. 그리고 양팔로 굳게 팔짱을 낀다. 상을 찡그리며 계속 머리를 좌우로 흔든다. (머리를 아래위로 끄떡이지 마라.) 절대 눈동자를 맞추면 안 된다. 아예 삐딱하게 돌아서라. 눈꼬리에 힘을 넣어 새우처럼 꼬부린 후, 삐뚜름하게 옆눈으로 째려봐라. 그러다가 종종 멀거니 딴 데를 쳐다본다. 입은 '앙' 하고 꽉 다문다. 대꾸도 말고 맞장구도 치지 마라. 자꾸 시계를 쳐다봐라. 자, 그렇게 하면 열심히 말하던 배우자가 이제 어떤 반응을 보일까? (경고! 그런데 이 실험은 머릿속으로만 해야 한다. 실제로 강행한다면, 필자는 초래될 상황을 법적 · 도덕적으로 결코 책임질 수 없다.)

지긋이 바라보는 눈, 미소 띤 얼굴, 끄떡이는 고개 그리고 적극적인 손의 활용은 경청의 기본이다. 관심, 공감, 호감 또는 애정을 표현하는 효과적인 비언어적 소통 방법이다. 여러분은 자신도 모르는 사이에 이미 잘하고 있을 것이다. 사실 길게 논할 필요도 없다.

문제는 애정이나 관심이 별로 없는 부하직원과의 대화다. 이런 부하에게는 비언어적 경청 노력이 자연스레 나오진 않는다. 사실, 조금 전 실험에서 배우자에게 했던 못된 몸짓이 그대로 나온다. 그래서 언어적 소통까지 막는다. 소통의 달인이 되고 싶은가? 소통의 달인은 잘 들어주는 사람이다. 여러분이 여러분 '상사'의 이야기를 들을 때 보여주는 여러분의 눈빛, 미소, 고갯짓, 손짓 등을 잘 외워놓자. 비록 마음에 들지 않는 상사이더라도 여러분은 적극적인 경청 자세를 보일 것이다. 비언어적 반응 제공도 잘하지 않는가. 부하와 면담할 때 그대로 사용해야 한다. 소통을 잘하는 훌륭한 상사가 되려면 말이다.

부장님과 사장님 '따라 하기'

위에 언급한 몸짓, 즉 비언어적 반응 제공(눈빛, 미소, 고갯짓, 손짓, 발짓) 다음으로, 한 단계 더 적극적인 경청 방법이 '따라 하기'다. 일반적인 '따라 하기'는 사실 직장인들이 흔히 한다. 예를 들어, 중국집에서 회식할 때, 직원들이 주문하길 망설이면 부장님이 입을 뗀다.

"비싼 것도 좋아. 마음껏 시키라고. 근데 오늘 나는 짜장면!"

그러면 직원들도 모두 짜장면을 시킨다. (요즘은 다르지만, 과거에는 이런 식의 자발적 메뉴 통일이 심했다.) 직원들이 왜 따라 할까? '판단 및 행동 따라 하기'가 부장님을 기분 좋게 만들기 때문이다. (따라 하지 않아서 부장님 기분이 나빠지면 내가 부장님 눈 밖에 날 수도 있다는 막연한 두려움도 작용할 것이다.)

짜장면을 다 먹었으면 이제 사장실로 가보자. 사장님이 농담한다.

"내가 꼰대처럼 보여요? 하긴 이런 질문하는 사람이 꼰대라고 하던데."

농담과 함께 사장님이 껄껄 웃는다. 그런데 그 앞에서 함께 따라 웃지 않을 간 큰 임직원이 있을까? 비위를 맞추는 행동이라고 깎아내릴 필요는 없다. '따라 하기'를 긍정적으로 표현하자면, 상대를 기분 좋게 만드는 소통 방법이다. (호감 사는 방법에는 '따라 하기' 외에 '칭찬하기'도 포함된다.) 글쎄? 이 대목에서 의문이 생긴다.

(따라 하기가 상대를 기분 좋게 만든다고요? 왜요? 원숭이가 내 행동을 따라 하면 내가 기분이 좋아지나요? 아닌데요.)

'따라 하기'의 긍정적 효과: 유사성에 의한 호감

대부분 인간은 자기 생각이 옳다고 믿는다. 그리고 그걸 확인하고 싶어한다. 인정받고 싶다는 본능 때문이다. 상대가 자신에게 동의해주면, 자신의 의견이 옳다는 것을 확인하게 된다.

(그렇지! 직원들도 모두 짜장면을 주문하는군. 내가 짜장면을 잘 시켰어. 비 오는 날이니까. 훗, 내 기후 민감성이란 ….)

(부하들이 엄청나게 재미있어 하네. 역시 내 유머 감각은 뛰어나!)

확인하니 인정감을 느끼고 그러니 기분이 좋다. 자신을 기분 좋게 만든 사람에게 호의를 갖게 된다. 예를 들어 사장님이 내 의견에 고개를 끄덕이며 동의해주면 하늘에 붕 뜬 느낌을 갖게 된다. 인정감이다.

나는 사장님께 호감 품는 것을 넘어서 목숨도 바칠 요량을 갖게 된다.

인정감은 차치하더라도, 같은 선택과 비슷한 판단을 한 사람에게 호감이 간다. '유사성'과 '호감'은 정비례하는 법이기 때문이다. 그러나 원숭이가 내 행동을 그대로 따라 한다고 해서, 이를 지켜보는 내가 '아, 나랑 닮았구나.'라고 유사성이나 '나와 똑같네.'라고 동질감을 느끼진 않는다.

인간은 훨씬 더 복잡한 존재다. 상대가 내 행동이나 말을 따라 하면, 그 행동과 말이 나온 배경을 찾는다. 행동 그 자체가 아니라 가치관, 판단기준, 신념, 감정 상태, 유머 감각, 취미 등에 유사성을 느끼게 되어 반가운 것이다. 물론 출신학교, 고향, 응원하는 야구팀 등이 같더라도 유사성을 느끼게 된다. 반가움에 호감이 솟는다. 해외 오지에서 같은 나라 사람을 만나면 엄청나게 반가운 이유도 유사성과 동질감 때문이다.

이 때문에 '따라 하기'는 상대의 호감을 끌어낼 수 있는 훌륭한 수단이다. 면담하는 부하의 입을 열고 싶은가? 미소 한 점 없는 근엄한 표정은 '적극적인' 온유함이 아니다. '따라 하기'를 하지 않는다면 이 또한 '적극적인' 온유함이 아니다. 평가자인 상사 앞에서 부하는 조심스럽다. 입은 자물통으로 채워졌다. 적극적인 온유함은 부하의 입을 벌리고 혀를 움직이게 만드는 황금 열쇠다.

말 따라 하기

▶ '(배우자에게) 비언어적 반응(눈빛, 미소, 고갯짓, 손짓, 발짓) 제공'의 효과

를 실험으로 파악했고, ▶'(부장과 사장의) 판단 및 행동 따라 하기'에서 '따라 하기'가 끌어내는 호감의 효과를 느꼈다. 그럼 '따라 하기'를 조금 더 발전시켜 ▶'말 따라 하기'를 해보자. 훌륭한 경청 방법이다.

조금 전 여러분은 배우자를 실험 대상으로 활용했다. 비언어적 소통의 효과 측정을 위해서다. 그 실험에서 여러분은 입을 꽉 다물었다. 대꾸도 일절 하지 않고 맞장구도 전혀 치지 않았다. 이제 완전히 반대로 실험해보자. 효과 역시 완전히 반대임을 체감하게 될 것이다. (아, 이건 실제로 배우자에게 실험해봐도 좋다. 결과는 내가 책임진다.) 이제 입까지 동원하는 적극적인 경청이다.

'말 따라 하기' 비결은 '상대의 말을 따라가며 유도하기'다.[17] '말 따라 하기'는 다음 세 가지다.

▶맞장구치기는 "아, 음, 흠, 그래, 어허, 정말, 헐" 등 타악기인 장구 소리처럼 단순하다. 그래서 '장단 맞추기'라고도 한다.

▶추임새 넣기는 "옳지, 그렇지, 이런, 얼씨구, 어이구, 쯧쯧, 좋아" 등 장구 치는 사람이 입으로 내는 소리다. 사실 위의 '맞장구치기'의 일종이다. 엄격한 구분이 모호할 때가 많다.

▶뒷말 반복하기는 간단하다. 만약 상대가 "나 오늘 점심때 길거리에서 글쎄, 우연히 고교 동창생인 영희를 만났어."라고 말한다면, "아, 영희를 만났어?"라고 뒷말을 따라 하면 된다. "커피숍에서 함께 커피를 마셨어." 한다면, "커피를 마셨어?" 이런 식이다. 설령 단순히 기계적으

---

17 사이토 다카시(남소영 옮김). (2017). 77쪽.

로 상대의 끝말을 반복하더라도 효과는 크긴 크다.

그렇지만 경고한다. 배우자에게는 조심하자. 듣는 둥 마는 둥 딴짓하면서 뒷말 반복하기를 계속하기는 힘들다. 배우자가 가끔 의심의 눈초리를 들이밀며, "내가 여태까지 무슨 말 했는지 요약해봐요!"라고 물어볼 수도 있으니 말이다. 부하직원이 돌연히 정색하며 자기가 한 말의 요약을 요구하지는 않겠지만, 영혼을 넣지 않고 함부로 쓸 일은 아니다. 신뢰가 깨진다. (말 따라 하기에 덧붙여 '유도하기'는 상대의 말을 끄집어내는 질문을 던지는 것이다. 이 책의 제3장 '질문 잘하기'에서 설명한다.)

말 따라 하기의 입증된 효과

심리학자들이 실제 취업 인터뷰 현장에서 실험했다.[18] 결과는 예상대로다. 질문자(면접관)가 계속 고개를 끄덕여주면(head nodding), 그렇게 하지 않았을 때에 비해 답변자(구직자)의 발언 시간이 67%나 증가했다. '비언어적 반응 보여주기'의 효과다.

'말 따라 하기'의 효과는 더 크다. 위 사례의 같은 심리학자들이 다른 취업 인터뷰 현장에서 실험한 결과가 흥미롭다. 질문자가 긍정적인 맞장구, 즉 '음, 흠(mm-hmm)' 소리를 계속 내자, 답변자의 발언 시간이 84%나 증가한 것이다.[19] 적극적인 경청으로 인한 17%의 발언 증가 효

---

18 Matarazzo, J. D., Saslow, G., Wiens, A. N., Weitman, M., & Allen, B. V. (1964). 질문자가 맞장구 치는 말이나 고개 끄덕이기 등의 동작을 보여주는 식으로 적극적 경청 태도를 보이면, 그렇지 않을 때에 비해 답변자의 만족도는 증가하고, 따라서 답변자는 발언을 훨씬 더 많이 하게 된다.

19 Matarazzo, J. D., Wiens, A. N., Saslow, G., Allen, B. V., & Weitman, M. (1964).

과다.

병원에서도 마찬가지다. 의사가 환자를 문진(問診)한다. "흡연하세요?" 그러자 환자가 답한다. "세상에, 천만에요. 전혀 안 해요." 의사가 "오케이." 그리고 다음 질문으로 넘어간다. 그런데 만약 의사가 이렇게 한다면 어떻게 될까? "(고개를 끄떡여주며) 오케이. 전혀 안 해요?" '비언어적 반응 제공'과 함께 '말 따라 하기' 중에서 '뒷말 반복하기'다. 그러면 환자는 설명을 덧붙이게 된다. "전혀 안 해요. 왜냐하면요, 아버지께서 폐암으로 돌아가셨거든요." 의사의 '말 따라 하기'가 환자에게서 더욱 많은 정보를 끌어낼 수 있다.[20] '말 따라 하기'는 효과가 입증된 경청 방법이다.

해석하기, 재현하기

거듭, 경청이란 소극적인 행동이 아니다. 결코, 상대가 말할 때 조용히 입 다문 '동작 멈춤' 상태를 뜻하지는 않는다. 수준을 더욱더 높여보자. '말 따라 하기'를 뛰어넘어서 ▶"아, 그러니까 한마디로 딱! 말해서, 김 일병 자네가 떠나버린 여친이 아니라 결혼 상대인 웨이터에게 심한 배신감을 느꼈다는 뜻이군!" 자신의 언어로 바꾸어 다른 말로 정리하는 '해석하기'는 상대의 만족도를 크게 높인다. 상대가 한 말을 확실하게

---

20   Clabby, J., & O'Connor, R. (2004).

소화했음을 보여주는 말이다. 그러나 조심하자. 정확한 이해와 해석이 중요하다. ▶"아, 그러니까 김 일병 자네가 결혼 상대인 웨이터를 배신했고, 그래서 여친이 심하게 한마디 딱! 말하고 떠나버렸다는 뜻이군!" 잘못된 해석은 오히려 소통 파탄을 불러온다. '해석하기'에는 경청의 집중력이 절대로 필요하다는 뜻이다.

또한, ▶"아, 그런 행동이 아까 자네가 말한 '창의력 저해 요소'로군." 이는 상대의 말과 개념을 시간이 조금 지난 후에 상대 앞에서 그대로 사용하거나, 조금 바꾸어 자신의 말로 표현하는 '재현하기'다. 이러한 모방은 완전한 집중력과 이해를 보여준다. 소통하는 상대방을 더 신나게 만든다.

미러링(mirroring)

▶'비언어적 반응(눈빛, 미소, 고갯짓, 손짓, 발짓)'의 효과를 (배우자에게) 실험으로 파악했고, ▶'판단 및 행동 따라 하기'에서 '따라 하기'가 끌어내는 유사성에 의한 (부장과 사장의) 호감 효과도 느꼈다. ▶(면접관과 의사의) '말 따라 하기(맞장구치기, 추임새 넣기, 뒷말 반복하기)'가 무척 효과적인 경청 방법이라는 사실까지 충분히 이해했다. ▶한 수준 높은 말 따라 하기, 즉 '해석하기와 재현하기'도 익혔다. ▶이제 고급반으로 올라간다. '행동 따라 하기(미러링)'다.

엄마가 말하면 아기도 따라 말한다. 웃으면 따라 웃는다. 어린 아기가 말을 배우고 적절한 표정을 배우는 방법이다. 인간의 두뇌에 '거울

신경세포'라는 모방 기능이 작동하기 때문이다.[21,22] 거울처럼 따라 하기(mirroring) 본능은 소통 및 인간관계 형성에 큰 영향을 끼친다. 소통 전문가들이 '따라 하기'를 중시하는 이유다.

미러링의 효과

예를 들어 보자. 학생이 눈동자를 허공 위로 띄워 올려 골똘히 생각하는 표정을 지으면 교사도 따라 한다. 학생이 미소 띠면 교사도 미소 띤다.

---

21 Marsh, L. E., & Hamilton, A. F. C. (2011). 인간 뇌의 전두엽(frontal)과 정수리(parietal) 피질(cortex)에서 거울 신경세포(mirror neurons)가 작동한다. 덕분에 어린 아기들이 말이나 행동을 모방하며 배우게 된다. 자폐증 환자는 비정상적인 거울 신경세포 때문에 언어장애를 겪게 된다.

22 Ambady, N., & Rosenthal, R. (1998). 의료계 종사자들을 대상으로 비언어적 소통의 중요성 및 방법을 다뤘다. 거울 신경세포는 여성이 남성보다 더 뛰어나다. 여성은 더 많이 상대의 표정을 따라 하고, 더 많이 끄덕여준다.

이런 식으로 교사가 학생의 행동을 무의식적인 듯 따라 하면 학생의 집 중력과 자신감이 향상된다. 교사와 학생의 관계도 증진되고, 이에 따라 교육 성과도 커진다. 그 효과는 이미 많은 실험으로 입증되었다.[23]

부하가 커피를 들고 들어왔으면, "그거 커피야? 나도 한 모금 줘봐 요." 빈 잔을 내민다. "나도 마침 목이 말랐어요." 물을 마시면 자신도 물을 마신다. 미소를 지으면 따라서 미소 짓는다. 심각하면 같이 심각 한 표정을 지어준다. 깍지를 끼면 따라서 깍지를 낀다. 이렇게 상대의 행동을 거울처럼 따라 하면 은근히 유사성을 느끼게 해준다. 미러링은 상대의 판단과 감정에 적극적인 동의를 보내주는 효과적인 행동이다.

모방과 미러링의 차이

엄밀히 말하자면, '모방(imitating)'은 '거울처럼 따라 하기(mirroring)'와 는 조금 다르다.[24] 상대가 '오른손'으로 턱을 만질 때, 나도 똑같이 '오 른손'으로 턱을 만지면 '모방'이다. 반면에 거울처럼 따라 하는 미러링 은 반대다. '왼손'으로 턱을 만지는 것이다. 흡사 상대가 거울 속의 자 신을 보는 듯이 말이다. 너무 심한가?

(세상에! 이렇게까지 해야 하나?)

그냥 알아두자. 더욱더 효과적이라고 하지만, *(세상에!)* 필자도 이렇 게까지는 못한다.

---

23 Jiang-Yuan, Z., & Wei, G. (2012). 교육 현장에서 교사의 비언어적 따라 하기 효과가 교육 성과에 긍정적인 영향이 지대함을 실험하였다.
24 Clabby, J., & O'Connor, R. (2004).

그런데 조심하자. 무조건 행동 따라 하기는 곤란하다. 부하직원이 물잔을 넘어뜨린 후에 멋쩍어 짓는 웃음은 어떨까? 칭찬을 받고 띠는 웃음은 어떨까? 웃음이라는 '행동'은 같지만, '의미'는 전혀 다른 것이다. 멋쩍은 웃음까지 따라 할 일은 아니다. 무조건 행동을 따라 하기보다는 '의도'와 '의미'를 따라야 한다.[25]

따라 하기가 너무 심해도 곤란하다. 일부러 원숭이처럼 계속 따라 한다고 생각되면 오히려 상대를 기분 나쁘게 만들 수 있다. 또한, 즉각적(real-time)으로 따라 하면, 상대가 눈치챈다. 몇 초 정도는 기다려야 한다. 또한, 자연스러워야 한다. 남자가 상대 여자를 따라 한답시고 손으로 입을 가린 채 "호호호" 웃는다거나 몸을 꼬면 변태로 보일 수도 있다.

'비언어적 소통 방법'은 상대에게 관심, 공감, 호감 또는 애정을 표현하는 효과적 수단이다. '말 따라 하기', '해석하기', '재현하기' 그리고 '행동 따라 하기(미러링)'는 상대에게 자신이 주목받는다고 느끼게 한다. 상대의 가치관, 논리 그리고 감정을 이해하고 공감한다는 사실을 보여준다. 즉 말만이 아니라 행동으로 보여주는 적극적인 경청 방법이다. 상대는 인정감을 느낀다. 기분이 좋아지면서 나에게 호감을 느낀다. 소통은 더욱 원활해진다. 긴밀한 인간관계를 맺는 데 그 효과가 입

---

25 Hasson, U., & Frith, C. D. (2016). 뇌신경과학자들의 논문이다. 인간의 소통은 상호 이해가 형성되고 확인되지 않는다면 불가능하다. 이해를 확인시켜주는 '따라 하기'는 '행동'만이 아니라 '의도 및 의미'를 따라 하는 것도 포함된다. 상호작용은 단순한 따라 하기를 넘어 보다 복잡하고 동적인 뇌의 작용이라고 주장한다.

증된 방법이다. 그러나 쉽지는 않다. 적극적인 경청은 기술이라기보다는 마음과 자세가 우선이기 때문이다.

자, 애당초 경청의 전제조건은 질문이다. 질문을 잘해야 경청할 수 있다. 다음 장에서 '질문'에 관해 살펴보자.

경청은 면담을 포함한 모든 커뮤니케이션의 기본자세다.

☐ 인내심으로 내 혀를 붙잡아 매고, 온유함으로 상대의 입을 열면, 경청이 된다.

- 구청장 후보가 노인회장을 두 귀로 설득한 사례와 같이 경청은 최고의 설득 방법이다.

- 또한, 노벨상 수상자의 경청 사례에서 보듯이 경청은 배움의 방법이다.

☐ 말하기가 '요령과 기술'이라고 한다면, 경청은 '마음과 자세'다.

- 경청은 쉽게 익힐 수 있는 마음가짐이 아니다. 무르익은 인내와 온유의 인격에서 배어 나오는 '대인 자세'다.

네 가지 '경청 유형(listening style)'은 사람, 분석, 행동 그리고 시간지향이다.

☐ 상대와 관계, 듣는 사람의 성격, 직업 그리고 조직문화에 따라 경청 유형이 고착되거나 바뀌기도 한다.

- 사람지향(people-oriented) 유형은 상대의 '감정을 확인'하며, '배려'하고, '관심'을 보여주며 신중히 들어주는 경청 태도다.

- 분석지향(content-oriented) 유형의 특징은 완전한 분석을 듣고 싶어 하는 질문이 많다는 점이다.

- 행동지향(action-oriented) 유형은 미래에 취할 중요하거나 시급한 '행동', 즉 결론을 독촉한다.

- 시간지향(time-oriented) 유형은 시간 단축을 압박한다. 즉 짧으나 효과적인 소통을 원한다.

부하 면담에서는 '사람지향'의 경청 유형이 필수적이다.

☐ 대부분 상사는 자신이 '사람지향' 성향이라고 답한다.

- 그러나 부하들은 그 상사가 "결론이 뭐야!"를 외치는 '행동지향' 유형이라고 답한다.

☐ 부하가 신뢰하는 상사는 ▶인간적인 '사람지향' 및 ▶치밀한 사고를 요구하는 '분석지향' 경청 유형을 가진 사람이다.

☐ 인간 이해를 위해서는 '분석지향' 및 '행동지향' 유형보다는 '사람지향'의 경청 습관이 필수적이다.

- 부하와 면담에서 '시간지향' 유형은 얼음물 뿌리기다. 하지만 우리는 흔히 그렇게 하고 있다.

- 가능하면 입을 다물라는 뜻이다. 질문만 잘하면 된다.

경청은 본능이 아니다. 학습으로 획득하는 인격이다.

☐ 오히려 '자기 과시'와 '사회적 인정감 획득'의 욕구가 인간 본능이다. 선천적으로 말하고 싶은 것이다.

☐ 인내심과 온유함이 쉽게 계발되는 품성은 아니다. 결국, 경청 능력은 인격이다.

- 부하가 입을 열지 않는다면, 이는 상사 잘못이다. 상사의 인내심과 온유함을 점검해봐야 한다.

적극적 경청(active listening) 중 하나는 모든 신체를 동원하는 '비언어적 반응' 제공이다.

☐ 배우자에게 실험했던 '비언어적 반응'을 기억하는가? '귀'만 사용하지는 않는다.

- 동감을 표현하는 '고개', '손', '발', 미소 띤 '얼굴', 상대의 감정 변화에 민감히 반응하는 '눈' 그리고 공감으로 가득 찬 '가슴'까지 활용한다. 실제로 소

통의 효과를 높인다.

'따라 하기'는 상대의 호감을 사는 효과적 방법이다.

☐ 나와 생각이 비슷한 사람에게 애정이 간다. '유사성'과 '호감'은 정비례한다.

☐ 온유함은 부하의 입을 열게 만든다. 그러나 '미소'와 '따라 하기'가 없다면 온유함이라고 말할 수 없다.

'말 따라 하기' 경청의 비결은 '따라가며 유도하기'다.

☐ '말 따라 하기'는 '맞장구치기', '추임새 넣기', '뒷말 반복하기'다.

☐ '비언어적 반응 보여주기'의 효과보다 '말 따라 하기'의 효과가 더 크다.

- 계속 고개를 끄덕여주면(head nodding) 답변자(면접 보는 사람들)의 발언 시간이 67%나 증가했다.
- 한편 긍정적인 맞장구, 즉 '음, 흠(mm-hmm)' 소리에는 84%나 증가했다.
- 의사가 문진할 때 환자 답변의 뒷말을 반복하면 환자로부터 더욱더 많은 정보를 끌어낼 수 있다.

해석하기, 재현하기는 완전한 집중력과 이해를 보여준다.

☐ 자신의 언어로 바꾸어서 정리하는 '해석하기'는 상대 이야기의 확실한 소화를 보여준다.

☐ '재현하기'는 상대의 말과 개념을 시간이 조금 지난 후에 상대 앞에서 그대로 사용하는 것이다.

미러링 역시 효과적인 경청 방법이다.

☐ 엄밀히 말하자면, '모방(imitating)'과 '거울처럼 따라 하기(mirroring)'는 조금 다르다.

- 미러링은 흡사 상대가 거울 속의 자신을 보는 듯 좌우까지 바꾸는 것이다.

말만이 아니라 행동으로 보여주는 적극적인 경청 방법도 익혀야 한다.

☐ '비언어적 소통 방법'은 상대에게 관심, 공감, 호감 또는 애정을 표현하는 효과
적 방법이다.

- '말 따라 하기', '해석하기', '재현하기' 그리고 '행동 따라 하기(미러링)'는 주
목받는다고 느끼게 한다.

- 상대의 가치관, 논리 그리고 감정을 이해하고 공감한다는 사실을 보여
준다.

- 상대를 기분 좋게 만들어준다. 소통은 더욱 원활해진다. 긴밀한 인간관계
를 맺는 데 그 효과가 입증된 방법이다.

☐ 쉽지는 않다. 적극적인 경청은 기술이라기보다는 마음과 자세가 우선이다.

다음 질문에 답하며 잠시 나의 경청 능력을 생각해보자.

☐ 대체로 나는 부하와 면담 시간의 몇 퍼센트를 말하고, 몇 퍼센트를 경청하는가?

- 내가 생각하는 나의 경청 비율에서 20~40%를 빼야 사실에 가까울 것이다. 부하에게 확인해보자.

- 부하들과 회식 시에는 어떤가?

☐ 이청득심(以聽得心)이란 '귀를 기울여 들어줌으로써 사람의 마음을 얻는다.'라는 뜻이다. 이러한 경청의 중요성을 우리 모두 이해한다.

- 나의 경험 속에서 내가 이청득심을 실천한 사례를 끄집어내 보자. 그때의 상황, 즉 나와 상대의 인간관계 및 정서적 상태의 특징은 무엇이었는가?

- 나의 말을 진지하게 들어주었기에 내가 호감을 느꼈던 사람이 누구였는가? 배우자, 자녀 그리고 부하직원을 제외하고 상사나 어른 중에서 찾아보자. 그분과의 인간관계 그리고 그분의 인격적·행동적(즉 경청 방법) 특징은 무엇이었나?

☐ 나는 네 가지 경청 유형(사람, 분석, 행동 그리고 시간지향) 중에서 무엇을 가장 많이 내보이는가?

- 내가 생각하는 답과 부하들이 느끼는 것이 같은가? 부하들에게 물어보자.

- 물론 상황에 따라 내보이는 경청 유형이 다를 것이다. 만약 고착되었다면, 왜 그리되었다고 생각하는가?

□ 적극적(active) 경청 방법, 즉 비언어적 반응 제공, 말 따라 하기, 해석하기, 재현하기 그리고 미러링을 실천하는가?

● 내가 적극적 경청 방법을 활용하는 대상이 주로 나의 상사인가? 나의 배우자, 자녀 그리고 부하직원에게도 실천한 사례를 찾아보자.

제2권 제2장

이 QR코드를 휴대전화의 QR코드 앱으로 인식하면 토론방으로 연결되어 여러 독자들이 남긴 소감을 접할 수 있습니다. 여러분의 느낌도 써주십시오. 이 책의 저자와 질문으로 소통할 수도 있습니다.

제3장

질문 잘하기

"나는 아무것도 가르치지 않았다.
나는 질문만 했을 뿐이다.
스스로 지혜를 상기시키도록 돕기 위해서다."
—소크라테스(Socrates)

HOW TO BETTER USE
YOUR EARS

참으로 고생했다. 지금까지 여러분은 제1권을 완독했고 이 책, 제2권의 절반까지 독파했다. 총 3권으로 구성된 '사람멀미 처방전' 시리즈를 얼추 절반까지 읽었다. 정리해보자. 애정과 관심은 인재 관리의 핵심이다. 자녀 '관리'도 마찬가지 아닌가. 애정과 관심을 쏟는 대상에게는 자연스레 선천적 공감능력이 작동하기 마련이다. 어린 딸이 아파하면 자신이 아플 때보다 더 고통스럽지 않은가. 공감능력이 사람멀미뿐만 아니라 직장 내 괴롭힘을 방지한다.

여러분은 인재 관리의 핵심인 애정을 실천하고 있는가? 그 실행 여부를 어찌 측정할 수 있을까? 세 가지다. (1) 부하의 복리후생에 관한 관심, (2) 부하 육성 노력, 그리고 (3) 부하와의 면담 실천 여부로 나타난다. 이는 가정에서 자녀를 대할 때도 마찬가지다. 그중 가장 힘든 것이 면담이다. 사춘기 자녀와의 소통이 진땀 나는 것과 마찬가지다. 그러니 애정의 의지 없이 면담은 실천하기 힘들다. 글쎄? 면담이 왜 그리 어려운 것일까? 면담은 경청이기 때문이다. 사실 경청이 어려운 것이다. 경청이 왜 그리 어려운 것일까? 인내심이라는 쇠말뚝과 온유함의 황금열쇠를 함께 다 지니기가 참으로 어렵기 때문이다.

더구나 경청하려면, 부하가 입을 열어 말하게끔 유도해야 한다. 당연한데 그게 또 쉽지 않다. 대다수 상사는 참으로 어려워한다.

(부하들이 죄다 입이 뜬지 당최 말을 안 해요!)

방법은 딱 하나뿐이다. 질문을 잘하면 된다. '질문'과 '경청'은 소통의 양대 축이다.[1] 이 장에서는 경청의 필수 전제조건인 '질문'을 자세히 살펴본다. 단순한 듯해도 자유자재로 활용하기란 사실 쉽지 않다. 열심히 익혀야 한다.

---

1   한근태. (2018).

김골동 매니저와 면담 실습

기업의 중간관리자들이 모인 '면담 교육 워크숍' 이야기다. 필자가 강사다.

 사례 9

면담의 원칙을 이해한 후, 30대 후반~50대 초반의 수강생들은 '김골동 매니저가 초래한 고객 불만 사례'를 읽었다. 사례를 간단히 소개하면 이렇다.

사례 요약: 사고 친 꼴통 김골동 매니저

김골동은 보증회사 (주)가나다보증의 지점 직원이다. (주)가나다보증이 수수료를 받고 보증을 서주었던 (주)ABC개발 등 건설업체가 어쩌다 부도가 나면, 피해받은 아파트 입주 예정자들이 아우성을 치며 난리를 벌인다. 즉 지금 살던 집은 팔려고 이미 매매계약을 해놓았는데 입주가 늦어지면 가족이 길바닥 구들장에 누워 밤하늘의 별을 이불 삼아 자야 하느냐는 항의다. 김골동은 부도가 난 (주)ABC개발을 대체할 업체를 빨리 찾아 일을 대신 맡기든지, 아니면 피해자와 보상비를 협상해야 한다. 이런 일이 김골동 매니저의 담당 업무다.

김골동 매니저는 성취도가 대단히 높다. 적절한 대체 업체를 재빨리 수배한다. 그뿐만 아니라 협상 수완도 훌륭하다. 지점 내에서 업무량도 제일 많다. 핵심 인재다. 하지만 성취도 높은 직원이 불만도 많은 법. (왜 나만 뼈 빠지게 일해야지? 월급은 똑같은데.) 김골동 매니저는 늘 불만이다. 성격도 결코 나긋나긋한 편은 아니다. 가탈스러운[2] 김골동은 지점장이 다루기 힘든 '꼴통'이다.

꼴통이 최근 사고(?)를 쳤다. 접수 순서에 따라 원칙적으로 일을 처리했는데, 결국 눈치 없는 짓이 되어버렸다. 고객들의 거친 항의를 받은 지점장이 김골동을 질책했다. 김골동은 울그락불그락 분통이 터진다. (억울하다! 순서대로 처리해준 것은 오히려 칭찬받을 일 아닌가?) 그러나 고객 불만이 쉽게 끝나지 않았다.

"왜 빨리 해결해주지 않느냐! 김골동인가 뭔가 하는 놈이 너무 뻣뻣하다!"

본사의 전화통까지 불이 났다. 정·관계의 소위 '힘센' 사람들이 마구 달구친[3] 것이다. 지점장이 본사에 불려 갔다. 본부장과 사장에게 싫은 소리를 잔뜩 들었다.

"사장님, 죄송합니다. 앞으로 김골동 매니저를 특별 관리하겠습니다."

---

2   (편집자 주) '가탈스럽다'는 '성미나 취향 따위가 원만하지 않고 별스러워 맞춰주기에 어려운 데가 있다.'라는 뜻의 순우리말.

3   (편집자 주) '달구치다'는 '무엇을 알아내거나 어떤 일을 재촉하려고 꼼짝 못 하게 몰아치다.'라는 뜻의 순우리말. 원래, 달아매고 사정없이 마구 친다는 뜻.

이상이 '김골동 매니저가 초래한 고객 불만 사례' 요약이다.

인간 지점장과 AI 로봇 김골동 조교

이제 실습이다. 사례를 읽은 수강생들이 지점장 역할을 맡는다. 한 명씩 무대 앞에 나와 고분고분할 리 만무한 김골동 매니저와 면담해야 한다. 일종의 역할극(role playing)이다. 지점장이 된 수강생들의 면담 실습 목적은 김골동이라는 한 인간을 이해하기다. 그리고 김골동의 태도 변화, 해결책 도출 그리고 동기 유발까지 끌어내야 한다.

사전에 필자는 과거 보증회사에 근무했던 또랑또랑한 대학원생(위 사례 공동 작성자 중 하나)에게 아르바이트를 부탁해서 '숙달된 꼴통'으로 완벽히 변신시켜놓았다. 피면담자로서 무대에 등장할 김골동 조교다. 일반적인 면담에서 부하들이 통상 ±10의 강도로 반응한다면, 꼴통 조교의 반응은 그 열 배인 ±100으로 프로그래밍했다. 좋으면 과도하게 고분고분 사근사근하고, 싫으면 삐딱하게 뻗대고 끔찍하게 찍자[4] 부리게끔 조율한 것이다.

다음은 피면담자, 'AI 로봇', 즉 김골동의 강화된 작동 원리다. 알아두면 좋다.

'AI 로봇', 김골동 조교의 작동 원리

(1) **초반에 답하기 쉬운 가벼운 질문:** 면담 시에 지점장 역할을 수행

---

4   (편집자 주) '찍자'는 '괜한 트집을 잡으며 덤비는 짓'을 속되게 이르는 순우리말.

하는 수강생이 ▶"이 문제, 자네 어떻게 해결할 거야?" 등 초반부터 답하기 어려운 질문을 던지면 절대 입을 열지 마라. 침묵이다. ▶"뭘 잘못 처리했다고 생각하니?" 등 김골동의 실수를 기정사실로 삼은 평가적 질문을 던지면 묵묵부답이다. 천장에서 얼룩 하나 골라잡아 내내 그것만 들떠봐라. 아무리 다그쳐도 절대 답변하지 마라. 반면에 ▶초반에 비(非)평가적인 가벼운 질문(근황 질문, 관심 질문)에는 사분사분하게 성심성의껏 대답해줘라.

(2) **공감과 칭찬 거리를 끌어내는 질문:** 지점장이 만약 ▶김골동의 어려움, 곤경, 스트레스에 공감해주는 말을 하거나, ▶실적 및 역량을 칭찬하려는 의도의 질문을 주면, 살포시 얼굴 근육을 풀고 입을 열어 화끈하게 응답하라.

(3) 그러나 **관찰 노력 없는 입에 발린 칭찬:** ▶'오늘 따라 넥타이가 멋있다.'라는 등의 겉도는 칭찬에는 절대로 반응하지 마라. 멍한 표정으로 둘레둘레 다른 곳만 쳐다봐라. 김골동 매니저를 치밀히 관찰했다는 근거가 없는 (즉 사례를 읽고도 구체적인 칭찬거리를 찾지 못한) 상태라면, 그저 동헌에서 원님 칭찬하는 듯한 '입에 발린 칭찬(lip service)'이다. 관찰이 없었음은 관심 부족을 의미한다. 관심 부족은 애정 결핍에서 비롯된 것이니, 애정을 보이지 않는 상사는 진땀을 잔뜩 흘리도록 만들어라.

(4) **고압적 질문, 부정적 비판:** ▶고압적인 명령형, 심문형, 질책성 질문 또는 부정적인 비판이라고 느끼면 팔짱을 끼고 입을 꾹 다물어라. '날 잡아 잡수.', '내 배 째라.' 식이다. 한참 동안 뜸을 들여 으스스하게 분위기를 잔뜩 긴장시켜놓은 후에 혀 짧은 사람처럼

짤막하게 답하라.

(5) **지속적인 질책:** ▶질책이 심해지면 "이거 왜 이러십니까!" 기를 써서 지체없이 옹골차게 반발해라. "내가 뭘 잘못했습니까!" 불바람 몰아치듯 극렬하게 되받아쳐라.

(6) **실적 폄하:** 만약 ▶그간의 성과를 조금이라도 깎아내리면 자신의 성과를 목소리 높여 야무지게 쏟아내라. 쉴 틈을 주지 마라. 당황하게 만들어라. 우두망찰한[5] 표정이 해까닥[6] 떠오르도록 지점장의 혼쭐을 빼라.

(7) **닫힌 질문:** ▶"예." 또는 "아니요."라는 답변만 요구하는 '닫힌 질문(폐쇄형 질문, closed questions)'에는 오로지 "예." 또는 "아니요."만 답해라. 절대로 덧붙여 말하지 말고 입을 굳게 잠가라.

(8) **열린 질문:** ▶설명을 요구하는 '열린 질문(개방형 질문, open questions)'에는 충분히 길게 오롯하게[7] 설명을 해라.

(9) **객관화 질문:** ▶"네가 고객이라면 어떻게 생각하겠니?" 등 객관적 시선으로 문제를 보자는 질문이 나오면, 고분고분하게 성심성의껏 의견을 피력하라.

(10) **확대 질문:** 지점장이 ▶만약 질문으로써 높은 안목을 보여준다면 (회사의 전략 방향, 추구 가치, 사업의 목적 등에 관한 질문), 존경심을 표현해라. 그런 확대 질문에는 치열하게 생각해서 열심히 답변하라.

5　(편집자 주) '우두망찰하다'는 '정신이 얼떨떨하여 어찌할 바를 모르다.'라는 뜻의 순우리말.
6　(편집자 주) '해까닥'은 '갑자기 아찔해지거나 정신이 나간 모양'이라는 뜻의 순우리말.
7　(편집자 주) '오롯하다'는 '모자람이 없이 온전하다.'라는 뜻의 순우리말. 예: 부모님의 오롯한 사랑.

(11) **미래형 질문:** 지점장이 지난날 뭐가 잘못됐고 잘됐다는 등 ▶과거 이야기만 꺼내면 딴청을 피워라. 반면에 ▶향후 해결책이나 김골 동의 앞으로 경력관리 문제 등 미래지향적인 질문을 하면 공손히 두 손을 모으고 열과 성을 다해 답변하라.

(12) **인간적 애정과 신뢰:** ▶전반적으로 지점장에게 인간적 애정과 신뢰감을 느끼지 못한다면, 해결책을 감추어라. 거세게 악쓰며 사표 내겠다고 줄기차게 목소리 높여 쏴붙여라. 중학교 2학년 학생들의 반항보다 훨씬 심해야 한다.

(13) **질문의 원칙 및 기술:** 한마디로 ▶지점장이 면담과 질문의 원칙 및 기술을 철저히 적용하지 않는다면, 등에서 진땀이 나도록 그를 당황하게 만들어라. 구석으로 계속 몰아 극도로 열 받게 해라.

면담 실습

"자, 누가 먼저 나오겠습니까?"

아무도 안 나선다. 필자가 강 팀장을 찾았다. 눈이 마주쳤다.

무언의 압력에 쫓겨 강 팀장이 '스스로' 나왔다. 필자가 강 팀장의 어깨를 두드려주었다.

"참, 강 팀장이 곧 부하를 면담해야 할 처지이지요."

(면담 실습 내용과 분석은 다음 장, 제4장 '질문의 원칙과 기술'에서 나온다.)

강 팀장과 꼴통 조교의 아슬아슬하고 진땀 나는 면담 실습이 드디어 끝났다.

경청, 인식과 사실의 차이

호흡을 가다듬으며 정신을 추스리는 강 팀장에게 필자가 물었다.

"강 팀장, 전체 면담 시간 중에서 몇 퍼센트를 강 팀장이 말했다고 생각하나요?"

"… 주문하신 대로 저는 주로 질문하고 듣기만 했는데요. 글쎄, 제가 조금 … 한 30% 말했고, 김골동 매니저가 70% 말한 것 같은데요."

강 팀장의 면담 실습을 흥미진진하게 지켜보던 수강생들에게 내가 똑같은 질문을 던졌다. 사전에 시간 측정을 부탁받았던 수강생들이 답했다.

"거꾸로인데요! 강 팀장이 전체 시간의 약 70%, 김골동이 30% 정도 말했는데요."

이구동성, 관찰 결과는 반대로 나왔다. 강 팀장이 경청하지 않았다는 증언이다. 강 팀장은 황당하다.

(헉! 이럴 수가? 나는 귀담아듣기만 했다고 생각했는데 ….)

사실 강 팀장만이 아니다. 실습해보면 십중팔구 상사가 혼자서 말을 다 한다. 그러면서 백이면 백, 자신이 대화를 독점했다는 사실을 전혀 모른다. 누구나 다 그렇다. 오히려 경청했다고 진정으로 착각한다. 수강생들의 반론에 강 팀장이 억울한 듯 대꾸한다.

"황당하네요. 저는 제법 많이 들었다고 생각했는데 …. 근데, 꼴통이가 말을 좀 해야 제가 경청할 수 있는 것 아닙니까? 당최 말을 안 하니 어떻게 합니까? 침묵이 참으로 견디기 힘든데, 저라도 말을 해

야 하는 것 아닙니까? 아, 예, 그렇죠. 침묵도 모름지기 인내했어야

했지요 …."

"김골동이 말을 하게끔 하려면, 어떻게 해야 하나요?"

필자가 반문했다. 강 팀장은 이미 배워 알고 있었다. 습관이 안 됐

을 뿐이다.

"아, 예, 질문을 잘해야 하는데 …."

상사가 말이 많은 이유 그리고 착각하는 이유

두 가지 의문을 해결해보자. ▶첫째, 도대체 왜 그럴까? 상사는 부하

와 면담할 때 왜 말이 많은 걸까? 앞선 사례에 등장했던 박 병장은 면

담 시간의 무려 97.7%를 혼자 떠들었다. 강 팀장은 그나마 낫다. 그래

도 약 70%의 소통을 독점했다. ▶둘째, 그런데 이상하다. 왜 상사는 자

신의 소통 독점 사실을 모를까? 강 팀장의 오류에 가득 찬 '경과 시간

(duration time)' 인식, 즉 '시간 착각'이 신기하지 않은가? 즉 상사는 왜

자신이 실제보다 훨씬 짧은 시간 동안, 조금만 말했다고 느낄까? 이 문

제는 100여 년 전 이미 답을 찾았다. 아인슈타인이 쉽게 풀이한 상대성

원리를 함께 들어보자.

'미녀와 함께 있는 한 시간은 겨우 일 분으로 느껴지지만, 뜨거운 난로

위에 앉아 있으면 일 분이 한 시간처럼 생각된다. 의심스러우면 실험해

봐도 좋다.'

우리는 이미 박 병장과 강 팀장을 끌어내 실험해보았다. 상사는 통상 자연스레 우월의식을 가질 수밖에 없다. 상사가 우월감의 원천을 갖고 있기 때문이다. 즉 자원 배분 권한, 평가 권한 그리고 더 높고 많은 나이, 역량, 경륜 등 말이다. 보통의 인간은 자신의 사회적 위상이 우월함을 늘 확인하고 싶어 한다. 인정받아서 사회적 욕망을 충족하고 싶다. 사회적 동물의 본능이다. *(까불지 말고 내 말 잘 들어! 그렇지, 내가 누군지 아는군!)* 권력 욕구의 확인 방법은 통제와 지배다. 그러니 우월감을 가진 상사는 무의식적으로 지시, 설명, 과시, 지적, 훈계, 복종 요구, 협박 등 통제와 지배의 말을 많이 하게 된다.

이런 경우가 아니라면, 단지 조심성 차이 때문이다. 부하는 상사가 쳐놓은 평가의 그물 속에서 살고 있으니 한마디 한마디 조심한다. 반면 부하 앞에서 평가에 자유로운 상사는 아무 말이라도 할 수 있다. 그러니 말이 더 많아진다.

여기에 덧붙여, *(그렇지, 내 말을 잘 듣는군. 내 안목은 역시 ….)* 부하의 반응이 반성, 수용, 순응, 복종 그리고 존경심의 표현 등 긍정적이라면 상사는 성취감과 인정감까지 느낀다. 우월감을 확인하고 인정감까지 갖게 되면 자존감이 상승하고 호르몬 작용으로 행복감을 느끼게 된다. 성취감 → 우월감, 인정감 → 자존감 → 행복감. 당연히, 행복한 한 시간은 일 분처럼 짧게 느껴진다.

반면, 부하의 두서없이 지루한 말은 참고 듣기가 괴롭다. 앞 장(제2장)에서 부하가 말로써 단어를 보내는 속도보다 상사가 단어를 받아 머릿속에서 조립하는 속도가 훨씬 더 빠르다고 했다. 그 속도 차이 때문이다. 앞질러 생각하는 상사는 갑갑하다. 더구나 엉성하고 난삽한 말은 조립이 안 되니 더욱 답답하다. 뜨거운 난로 위에 앉아 있는 듯하다. 일 분이 한 시간처럼 다가온다. 이러니 행복(내가 말한 시간)은 일 분이었고 괴로움(부하 말을 들은 시간)은 한 시간이었다고 인식하는 것이다.

아쉽게도 우월의식을 숨죽이는 약은 없다. 경청하며 남아도는 두뇌의 여유로 상대의 감정을 더 이해하면 좋으련만, 숨은 뜻을 더 깊이 생각하면 좋으련만, 대부분 인간은 지적하고, 설명하고, 가르치고, 훈계한다. 유일한 특효약은 본능의 억제다. 즉 우월감 제거와 '80% 듣고, 20%만 말하기'를 맹세하는 것이다. 그 20% '말하기'도 100% '질문'이어야만 한다. 물론, 아무리 용을 써도 말하고 싶은 본능이 꿈틀대어 부득부득 인내의 쇠 말뚝을 뽑아내려 할 것이다. 허벅지를 바늘로 콕콕 찔러서라도 참아내야 한다.

들기 80 대 질문하기 20의 맹세를 충실히 지킨다면, 결과는 그럭저럭 들기 50 대 질문 등 말하기 50이 될 것이다. 장담한다. 그다음 할 일은 이제 본격적으로 질문을 잘하는 방법 배우기다.

상사는 질문하는 소크라테스

앞서 살펴봤다. 부하 면담은 '인간 이해'를 바탕으로 부하의 '심리 치유, 성장 그리고 자율성 회복'을 돕는 인재 관리 수단이라고 했다. 상사는 스승이 되어야 한다고 했다. 인도의 지성 라다크리슈난도 동의

했다.[8]

"진정한 스승이란 제자가 스스로 사고하도록 도와주는 사람이다."

그러니 진정한 스승은 가르치지 않는다. 질문한다. 소크라테스는 설교나 훈계하지 않기로 유명했다. 대신, 사고를 자극하는 심오한 질문을 던졌다. 일찍이 소크라테스가 말했다. (아, 이 말은 질문 형태가 아니다.)

'나는 그 누구에게도 어떤 것을 가르치지 않았다. 나는 질문했을 뿐이다. 스스로 지혜를 상기시키도록 돕기 위해서다.'

질문을 잘하면 설명이나 충고가 필요 없다. 스스로 깨달으면 살이 되고 뼈가 된다. 조언과 충고도 부디 질문으로 바꾸자. 심지어 눈물을 뚝뚝 흘리며 유서를 작성하고 있는 사람을 보더라도, 어설픈 조언은 삼가자. 시퍼런 강물의 다리 난간에 매달려 바야흐로 투신자살을 시도하려는 사람을 보았을지라도, 섣부른 충고는 삼가자. 다리 난간을 따라서 기어 올라가 다짜고짜 팔다리를 잡아당기는 행동은 낭패를 볼 수 있다. 대신 그들이 느끼는 감정을 물어보자. 즉 질문이다. 그리고 공감을 잔뜩 표현하자. 잘잘못을 판단하지 말고, 왜 자살을 하려는지 물어보자. 또 질문이다.

거듭, 부하와 면담할 때 상사는 오직 질문만 허락된다. 지시 대신 질

---

8 사르베팔리 라다크리슈난(Sarvepalli Radhakrishnan, 1888~1975)은 인도의 철학자이자 정치인이다. 인도의 철학사상을 높여 동서비교철학의 기초를 만들었다. 인도 캘커타 대학교 교수, 영국 옥스퍼드 대학교 교수, 미국 시카고 대학교 교수, 구소련 대사, 인도 제1대 부통령 및 제2대 대통령을 역임했다. 27번이나 노벨상에 추천되었다. 평생을 교육에 헌신한 공로로 1962년부터 그의 생일은 인도의 스승의 날이 되었다. "True teachers are those who help us think for ourselves." 그가 남긴 많은 명언 중 하나다. 참고로 우리나라 스승의 날(5월 15일)은 세종대왕 탄신일이다.

문해보자. *(이 문제의 원인이 뭘까? 어찌 해결해야 하지?)* 부하가 스스로 문제점, 해결책 그리고 달성 목표를 생각하게 하라는 뜻이다. 부하의 자발성이 살아난다. 실행력이 달라진다. 질문하는 상사는 분명 존경심과 리더십을 확보할 수 있다. 끊임없이 질문을 던져라. 질문은 사고를 촉진한다. 부하들이 새롭게 생각할 수 있는 계기를 마련해준다.

자, 각오가 섰다. 그럼 이제 질문의 중요성, 가치, 종류 그리고 원칙과 기술을 학습해야 한다. 순간 의문이 떠오른다. 아니, 질문에 관해서 '공부'까지 해야 한다고?

(그런데 질문이란 그냥 뭔가 궁금할 때 물어보는 것 아닌가요? 질문하는데, 원칙과 기술까지 필요하다고요?)

질문하는 방법을 배운 적이 있는가?

(없는데요 ….)

그렇다면 질문의 중요성과 가치는 어느 정도 인식하는가?

(글쎄 ….)

그럼 열심히 학습해야 한다. 소통능력 향상에 결정적이다. 좋은 질문은 심지어 자신과 타인의 삶을 값지게 만들 수 있다.

질문의 가치

아니, 상사가 질문을 하나? 질문이란 거꾸로 부하가 상사에게 하는 것 아닌가? 많은 상사가 속으로 묻는다.

(리더라면 '질문' 대신 '해결책'을 가지고 있어야 하지 않습니까?)

아니다. 부하들에게서 해결책을 끌어낼 수 있는 능력이 더 중요하다. 뛰어난 경영 컨설턴트와 심리치료사는 주로 질문한다. 경영학의 선구자(guru)라고 불리는 피터 드러커도 질문을 잘했다. 마찬가지다. 좋은 질문은 부하를 치유하고 키운다. 부하가 불만을 정리하고, 새로운 아이디어를 구상하고, 의욕을 불러일으킨다. 프랑스 작가 볼테르가 말했다. '사람의 능력은 그의 대답이 아니라 질문으로 판단하라.'

저 질문할 거 없는데요

 사례 10

필자는 볼테르의 말을 굳게 믿었다. 그래서 임원 시절 신입사원 면접에 들어가면 꼭 물어봤다.

"여태 내가 질문했으니, 이제 궁금한 점을 저에게 질문해보시지요. 서로의 선택이니까요."

질문 요청에 대부분 당황한 표정을 짓는다.

"네? … 저 질문할 거 없는데요."

통상 나오는 답변이다. 그래도 질문을 요구한다. 생각의 방향과 깊이를 판단하기 위함이다. 다양한 반응이 나온다. 어이없는 질문도 들어보았다.

"어머나, 질문하라고요? 호호, 무슨 질문을 원하세요? 이게 바로 제 질문이에요."

"제 연봉이 어느 정도인가요?"

생각이 아예 없거나 자아실현의 숭고한 마당을 돈벌이 장터로만 생각하는 듯한 사람은 채용 적합성을 다시 판단한다.

"최근 싱가포르에서 착수한 A 프로젝트의 성공 가능성을 어떻게 보시는지요? 정부와의 원만한 관계 유지가 핵심 아닌가요?" "회사에서 혁신을 강조하는데, 저도 혁신에 대해 관심이 많습니다. 말단 사원에게까지 그 혁신의 문화가 체화된 건가요? 어떻게 그리 만드실 겁니까?"

이런 질문을 하는 사람은 합격이다. 질문에서 그 사람의 가치관, 사고력, 의욕, 준비성 등 역량이 모두 드러나는 법이다.

'인간이 지닌 최고의 탁월함은 자기 자신과 타인에게 질문하는 능력이다.' 소크라테스의 통찰이다. '위대한 질문에서 위대한 결과가 비롯

된다.' 아인슈타인이 남긴 명언이다. 아와즈 교이치로는 그의 책 『굿 퀘스천(Good Question)』에서 주장한다. "성공한 사람일수록 자신과 타인에게 좋은 질문을 던진다."[9] 즉 성공하려면 고도의 '질문 능력'을 갖추라는 충고다.

질문하기 = 생각하기

어린아이들은 질문이 많다. *(이게 뭐야?)* 호기심은 질문을 만들어낸다. *(이게 먹는 걸까?)* 스스로 묻는다. *(퉤! 퉤! 퉤! 에구구, 먹는 게 아닌가 보네.)* 스스로 답도 찾는다. 이렇듯 '생각', 즉 인간의 '사고'란 ▶ 문제를 구성해서("내 눈앞 사물의 정체를 파악하자.") → ▶ 스스로 질문을 만들고("이게 먹는 걸까?") → ▶ 각종 정보(쓴맛, 질감, 색깔 등)를 취득하고 통합시켜 → ▶ 스스로 답("먹는 게 아닌가 보네.")에 도달하는 과정을 말한다. 인간은 위대하다. 쉴 새 없이 생각하기 때문이다. 즉 끊임없이 질문하고 답하기 때문이다. 생각의 과정은 다음과 같다.

[생각 = 질문 + 답변]

위 공식을 다르게 쓴다면, [질문하지 않는다. = 곧 생각하지 않는

---

9   아와즈 교이치로(장미화 옮김). (2018). 저자의 직업은 '경영자 코치'다. 질문하는 일을 한다. 경영자들과 만나 오로지 질문을 계속하는 것만으로 보수를 받는 컨설턴트다. "좋은 질문은 자신과 주위 사람들의 인생을 보다 바람직한 방향으로 바꾸는 강력한 힘이 있다."라고 주장한다.

다.]이다. 즉, (일을 이렇게 하는 것이 최선일까? 더 나은 방법이 없을까?) 질문하지 않는다면 창의력은 절대 나타나지 않는다. 도전도 없다. 자율성은 소멸 상태다. 예를 들어 타율적 환경에 순응된 노예는 절대 질문하지 않는다. 아니, 질문하는 방법을 잃어버렸다. (내가 왜 이렇게 살아야 하지? 내일은 좀 쉴까? 도망갈까? 사직서를 던져버릴까?) 노예가 이런, 생각이라는 지적 활동을 하면 괴로움만 증폭될 뿐이다. 자신에게 질문하기를 억제하다가 급기야 질문하는 방법을 잃어버렸다. 한마디로, 질문 포기는 창의, 도전, 자율의 가치를 잃어버렸다는 뜻이다. 진정 자유로운 인간은 스스로 질문을 만들어 답을 찾고, 그 생각에 따라 행동하고, 그 결과에 책임지는 사람이다. 결국, 자유와 책임은 하나다. 그 두 개념 사이에 질문과 답변이라는생각 그리고 행동이 있다.

[자유로운 인간] = **생각**(= **스스로 질문** + **스스로 답**) → **행동** → **책임 수용]**

생각하기≒말하기

자, 여러분은 질문의 가치를 인정했다. 그렇다면 이제 '질문, 즉 생각'과 '말하기'(속말이건 입 밖으로 나오는 말이건)의 관계는 무엇일까? 입을 '앙' 다물고 살아도 되느냐는 질문이다. 다음은 이와 관련된 문제 풀이다. 결코, 어려운 문제가 아니다. 다음 중 인간의 말하기 행태를 가장 적절하게 표현한 답이 무얼까? 딱 하나만 고르자.

⑴ 인간은 늘, 언제나, 어느 때나, 항상, 생각을 다 해서 완전히 정리한 후에야, 비로소 말을 한다.

⑵ 인간은 무릇[10] 말을 하면서 동시에 생각한다. 말을 하면 사고가 촉진되기 때문이다.

⑶ 인간은 매번, 꼭, 기어이, 필히, 반드시, 말을 우선 뱉고 나서, 그다음에 생각하게끔 만들어졌다.

⑷ 제발 이런 괴로운 질문 자꾸 해서 자근거리지[11] 말고 그냥 답을 말해라.

대단히 훌륭하다. 맞았다. 답은 ⑵번이다. 속으로 말을 하든 입을 벌려 말을 하든 말해야 생각, 즉 질문이 촉진된다. *(다음 말은 뭘 해야지? 내가 이 말을 왜 했지? 이 주장의 이유와 근거를 뭐라고 해야 좋을까?)* 말을 이어나가려면 당연히 스스로 이런 질문을 계속하고 답을 찾아야 하기 때문이다. 속말이건 소리로 나오는 말이건 '말하는 행위'는 생각, 즉 스스로 질문하고 답하는 상태를 뜻한다.

여러분의 기억 속에서도 많은 입증 사례를 찾을 수 있다. 회사의 복잡한 문제가 머릿속에 찰싹 붙어 집까지 따라왔다. 자초지종을 전혀 모

10　(편집자 주) '무릇'은 '대체로 헤아려 생각하건대'라는 뜻의 순우리말.

11　(편집자 주) '자근자근'은 '머리가 자꾸 가볍게 쑤시듯 아픈 모양'을 뜻하는 순우리말. ('지끈지끈', '지끈지끈'보다 약한 뜻)→(파생) 조금 성가실 정도로 귀찮게 구는 모양. 자근거리다: 조금 성가실 정도로 은근히 자꾸 귀찮게 굴다. (예: 자근거리던 사람을 경찰에 신고했다.) 가볍게 자꾸 누르거나 밟거나 씹다. (예: 입에 물고 자근거렸다.)

르는 배우자를 앞에 놓고 끙끙대며 설명한다. 그러다 보면 이게 웬일이냐? 스스로 해결책을 찾게 된다. 거듭, 생각이란 스스로 질문하고 스스로 답을 찾는 사유의 과정이다. 말하면 분명 생각이 촉진된다. 스스로 질문하고 답해야 하기 때문이다. 노예는 말이 없다. 진정한 자유인은 말을 한다. 즉 서슴없이 질문한다는 뜻이다.

질문하지 못하는 이유

어린아이들은 질문이 많다. 질문에 서슴없다. 그렇게 수많은 질문을 던지던 그 어린아이는 아직도 내 속에 살아 있을까? 시인 네루다는 「우리는 질문하다가 사라진다」라는 시에서 노래했다. "우리가 아는 것은 한 줌 먼지만도 못하고, 짐작하는 것만이 산더미 같다."[12] 그런데도 어느덧 우리는 질문을 멈췄다. '생각'이 가뭇없이[13] 사라진 것이다.

정서, 인식 그리고 문화의 장벽

우리 자신을 심각하게 이해해보자. 질문, 즉 생각하지 못하는 이유는

---

12 칠레 시인, 노벨 문학상 수상자, 파블로 네루다(1904~1973)의 시, 「우리는 질문하다가 사라진다」에 나오는 구절이다. "어디에서 도마뱀은 /꼬리에 덧칠할 물감을 사는 것일까. /어디에서 소금은 /그 투명한 모습을 얻는 것일까. /어디에서 석탄은 잠들었다가 /검은 얼굴로 깨어나는가. /(중략) 연기들은 언제 /공중을 나는 법을 배웠을까. /뿌리들은 언제 서로 이야기를 나눌까. / (하략)" 이 시는 익숙하고 당연하다고 생각하는 것들에 대해 참신한 시각의 질문을 던지면서, 존재의 의미를 다시 한 번 생각하게 해준다.

13 (편집자 주) '가뭇없다'는 '눈에 띄지 않게 감쪽같다. 보이던 것이 전혀 보이지 않아 감감하다.'는 뜻의 순우리말.

크게 세 가지다.

첫째, 정서의 장벽

"공부도 못 하는 놈이 그런 쓸데없는 질문이나 하고! 모르면 그냥 받아
써서 외워!"

질문했더니 오히려 정신적 처벌을 당했거나, 부정적 평가를 목격한
경험의 영향 탓이다. 상처가 깊다. 자신감은 쪼그라들었다. 상처가 완
치되지 않았다. 아직도 정신적 후유증이 남았다. 괜히 질문했다가 또다
시 이해력이 뒤떨어진 사람으로 인식될까 두렵다. 소심해졌다.

사례 11

언젠가 필자의 제자가 한숨을 푹 쉬었다. 그 제자가 개방적인 분위기
라 굳게 믿었던 스타트업에서 인턴을 할 때였다. 첫날이었다. 회의 막
바지에 대표가 질문하라고 자꾸 권유했다. '새내기'라고 자신을 지명
까지 하며 질문을 독려했다는 것이다. 대표의 그 진정한 열린 소통 자
세 때문이었다. 제자는 눈치코치 없이 진짜로 질문을 했단다. 돌아온
답이 기가 막혔다.

"그것도 몰라? 미리 좀 찾아봤어야지."

제자는 그 후로 다시는 질문하지 않았다고 한다. 그런데도 그 대표
는 설명이나 지시가 끝날 때마다 질문하라고 계속 권유하더라는 것이
었다.

정신적 처벌과는 다른 이유도 있다. 주변의 평가다. 내가 언젠가 강의 직후 수강생들의 대화를 엿듣게 되었다. 안타까웠다.

"야, 너는 왜 쓸데없이 질문이나 하고 그래? 튀고 싶냐?"

타인을 의식하라는 충고였다. 주목받기를 피하고 평균 속으로 숨으라는 강요였다. 이런 분위기이니, 사람들이 많으면 더더욱 질문을 못 한다. 주변 사람들의 평가가 무섭다. 두려움의 정서가 소곤거린다. 튀지 말라! 나대지 말라! 중간만 해라! 우리는 가슴 속 정서적 문제를 해결하지 못해 질문을 못 한다.

둘째, 인식의 장벽

어린아이들은 인식의 장벽이 없다. 하지만 성장하면서 아쉽게도 기존 관습, 가치관, 통념 그리고 사회가 정해놓은 '정답'에 시나브로 지배당하게 된다.

"쓸데없이 별생각을 다 하네. 예전부터 쭉 이렇게 해온 거야.""결혼식을 조촐하게 하겠다고? 그러는 거 아니다. 집안 체면이 어찌 되겠냐? 말도 안 돼!""서비스업으로 관련 사업을 다각화하자고? 제조업이 우리 업의 본질이야!"

줄곧 기존 가치관을 외우고 정답 찾는 훈련만 받아서 그런지, 기존 인식을 뛰어넘는 생각이 어렵다. 새로이 미지의 무엇을 생각하는 훈련이 부족하니 질문 능력이 퇴화했다. 어느덧 우리의 머릿속에 자리 잡은 기존 인식이 질문을 가로막는다.

셋째, 문화의 장벽

"어른이 말씀하시는 중에 촐싹거리면서 그런 질문하는 거 아냐!"

상사라는 조직상의 권위나 고령자라는 문화적 권위에 순응하도록 길들여진 까닭이다. 두 손 모으고 공손히 듣기만 해야 한다. 순종을 미덕으로 삼는 문화의 힘은 질기다. 감히 대들지 말라! 건방 떨지 말라! 질문을 망설이게 만든다. 아니, 아예 우리의 생각을 멈춰 서게 만들어 버렸다. 공유된 가치관과 행동 양식이 우리를 철통같이 둘러싸고는 질문을 억제하고 있다.

질문 능력의 국제 비교

 사례 12

인식, 정서 그리고 문화의 벽에 갇혔다. 국제적으로 비교해도 너무 심하다. 지난 2010년 9월 G20 정상회의가 우리나라에서 열렸었다. 폐막식이었다. 오바마 미국 대통령이 연설 직후 한국 기자들에게 질문 기회를 주었다. 그대로 옮겨보자.

"한국 기자들에게 질문권을 주겠습니다. 훌륭한 개최국 역할을 해주셨으니까요. 누구 없나요?"

그 순간 기자회견장에는 정적만 흐를 뿐이다. 아무도 손을 들지 않는다. 오바마가 다시 말한다.

"한국어로 질문하면 아마도 통역이 필요할 겁니다. 사실 통역이 꼭 필요할 겁니다."

한국말로 질문해도 좋다는 뜻이다. 그때 한 기자가 손을 들자, 오바마가 고개를 끄덕거린다.

"제가 아시아를 대표해서 질문을 던져도 될까요?"

중국 기자였다. 오바마가 그의 말을 자른다.

"나는 한국 기자에게 질문을 요청했어요. 그래서 제 생각엔 …."

중국 기자가 오바마의 말 허리를 끊고 타협안을 제시했다.

"제가 대신 질문해도 되는지 한국 기자들에게 물어보면 어떻겠습니까?"

끝내 한국 기자를 배려하려는 오바마가 말했다.

"그건 한국 기자들이 질문하고 싶은지에 따라 결정되지요. 아무도 없나요? 아무도 없나요?"

두 차례나 묻는다. 침묵. 침묵. 침묵. 침묵. 오바마는 난감한 표정을 지으며 결국 중국 기자에게 질문권을 주었다. 그 모습을 TV로 지켜보던 필자도 어찌나 창피했던지, 화끈거리는 얼굴을 두 손으로 가리고 두리번거리며 쥐구멍을 찾고 있었다.

우리는 질문을 못 한다. 정말 못 한다. 국제 비교해보면 참말로 부끄럽다. 안타깝게도 정서, 인식 그리고 문화의 두꺼운 벽을 깨고 나올 수 있는 질문과 토론 교육을 받지 못했기 때문이다. 외우는 공부만 했다.

유대인의 교육 방법, 하브루타

우리나라의 몇몇 교육 지표는 세계 최고를 자랑한다. 학생들의 공부 시간, 부모의 교육열, 교사의 수준 등이 그렇다. 그런데 왜 과학, 의학, 경제, 문학 분야에 노벨상 수상자가 없을까? 전 세계에 걸쳐 유대인은 1,500만 명 정도다. 세계 인구의 0.2%에 불과하다. 그런데도 역대 노벨상 수상자의 22%가 유대인이다. 전성수는 『자녀교육 혁명 하브루타』에서 그 이유를 찾는다.[14] 즉 유대인의 전통적인 학습 방법인 하브루타(havruta)는 짝을 이뤄 서로 질문을 주고받는 토론이다. 떠들썩하다. 집에서도 식사 시간에 부모와 자녀가 질문하고 답변한다. 등교하는 자녀에게 부모는 질문 많이 하라고 주문한다. 반면 우리는 선생님 말씀을 잘 들으라고 한다. 안타깝게도 우리는 질문과 토론을 중시하지도 않고

---

14 전성수. (2012).

가르치지도 않는다.

세계적인 과학 학술지 《네이처》는 우리나라에서 노벨상 수상자가 나오지 않는 이유 중 하나로 "토론을 꺼리고 위계질서를 강조하는 한국적 문화"를 들었다.[15] 물론 일사불란한 지시와 복종 덕에 과거 빠른 경제 성장을 이룩할 수 있었다. 그러나 거대한 창조적 파괴가 일어나고 있는 현 4차 산업혁명 시대에는 삐딱하고 괴이하고 상식을 뛰어넘는 질문과 생각이 우리의 생사존망을 가를 것이 분명하다.

멍석을 깔아주면 잘하는 질문

필자는 위대한 질문의 가치를 굳게 믿는다. 내가 대학 수업 시간이나 기업인들의 워크숍에서 실천해보았다. 그야말로 나라를 구하는 일 아닌가. 꼭 실천해야 할 중차대한 일이다. 질문 능력은 뜻밖에도 쉽게 육성된다. 질문의 중요성을 강조하고, 질문을 장려하고, 기다리고, 촉구하고, 가치를 인정하고, 또한 적극적으로 칭찬하면 된다.

"너 휴식 시간이 다 됐는데, 왜 그런 쓸데없는 질문을 하니? 튀고 싶은 거야?"

▶화장실에서 동료의 이런 말은 설령 농담이더라도 나라의 미래를 망치는 역적 행위다. 절대 금지임을 계속 주지시키면 정서의 벽은 뚫

---

15 박건형. (2016. 6. 3.).

린다. ▶기상천외한 질문도, "새로운 시선에서 생각한 훌륭한 질문이네요!" 가치를 높여 해석해준 후에 칭찬을 아끼지 않으면 인식의 벽도 깨진다. ▶교수가 수강생들을 격의 없이 대하면 문화의 벽도 쉽게 무너뜨릴 수 있다. ▶팀 대항 경쟁으로 질문하기를 의무화하면 이 모든 세 개의 벽은 흔적도 없이 무너진다. 깊은 사고를 동반한 기발하고 날카로운 질문이 우아한 표현으로 나타난다. 처음이 어렵지, 막상 해보면 쉽게 된다. 서슴없이 질문하던 그 어린아이는 우리 속에 아직 분명 살아 있다. 키워야 한다. 질문하자. 나라를 구해야 한다.

기초 이론 익히기: 질문의 분류

질문의 기술을 익히기 전에 잠시 이 세상 모든 질문을 분류해보자. 조금 골치 아프더라도 참자. 기초적인 이론을 쉽게 정리해보았다. 크게 세 가지다. ▶질문 아닌 질문, ▶자신에게 던지는 질문 그리고 ▶타인(특히 부하)에게 주는 질문이다.[16] (이하 질책형 질문, 관심 질문, 유도형 질문 등, 질문의 형태는 앞으로 계속 등장한다. 부디 기억하자.) 우선 큰 가치가 없는 '질문 아닌 질문'을 간단히 짚고 넘어가자.

---

16 박용익. (2003). 이 논문은 질문의 다양한 분류를 다음과 같이 소개한다.
- Wunderlich의 분류: ▶판단/(선택) 질문: "아이는 자니?"/ ("사과 먹을래, 배 먹을래?"), ▶설명/(근거 제시) 질문: "언제 오니?" ("왜 오니?"), ▶확인 질문: "배를 먹겠다고?"
- Hundsnurscher의 분류: ▶설명 질문: "네가 어떻게 세계 일주를 해?" ▶연약 질문: "이사 갈 때 도와줄 거지?" ▶고백 질문: "예수를 믿습니까?"
- Hindelang의 분류: 우선 ▶문제해결을 위한 '문제중심적' 질문과 ▶의사소통 관계를 창출 또는 회복하려는 '관계중심적' 질문으로 대분류하였다. ▶문제중심적 질문은 다시 ▶문제 제기 질문, ▶사실 질문, ▶설명/(근거 제시) 질문, ▶충고 질문, ▶교시 질문으로 나뉜다. ▶관계중심적 질문은 ▶대화 욕구 표시인 근황 질문: "휴가는 잘 다녀오셨어요?" ▶관심 질문: "아직 아파?" 등으로 분류된다.
- 박용익의 분류: 우선 ▶(1)질문자가 답을 모르는 경우다. 이는 다시 ▶(1-1)정보 질문, ▶(1-2)되묻기 질문, ▶(1-3)캐묻기 질문("사실대로 말해봐!")으로 구분된다. ▶(2)질문자가 이미 답을 알고 있는 경우다. 이는 ▶(2-1)지식 활성화 질문, 즉 ▶(2-1-1)자문 질문("나의 단점은 무엇일까?")과 ▶(2-1-2)교사 질문("조선은 누가 건국했나요?")이고, ▶(2-2)지식 검증 질문은 다시 ▶(2-2-1)시험 질문, (2-2-2)면접 질문 등으로 나뉜다.

질문 아닌 질문	— 명령형 — 질책형 — 심문형 — 주제 설정 목적
자신에게 던지는 질문	— 일상적 질문 — 인생 및 조직을 바꾸는 질문 — 세상을 바꾸는 질문
타인에게 하는 질문	— 관계 중심적 질문 · 근황 질문 · 관심 질문
	— 문제 중심적 질문 · 의문형 질문 · 유도형 질문 · 모색형 질문

〈표 1〉 질문의 분류

질문 아닌 질문

"이런, 내일 아침 9시까지 사건 경위서를 내 책상에 올려놓을 거지요?"
이는 비록 형태는 질문이나 사실은 '명령'이다.

"내가 앓느니 죽지! 아니, 고객 불만을 또 왜 산 거야?" 이 역시 질문
형이지만 본질은 '힐난' 또는 '질책'이다.

● 필자는 위 분류들을 차용하여, ▶'관계중심적 질문'(근황질문, 관심질문)과 ▶'문제중심적 질문'
으로 나누었고, '문제중심적 질문'은 다시 (1)질문자가 답을 모르는 경우(정보질문, 선택질문,
확인질문 등을 '의문형 질문'이라 이름 붙임)와 (2)질문자가 답을 알고 있는 경우(설명질문, 근
거제시 질문, 평가질문, 언약질문 등을 '유도형 질문'이라고 이름 붙임)로 구분하였고, (3)쌍방
모두 답을 모르는 경우(탐색 질문 등을 '모색형 질문'으로 이름 붙임)로 나누었다.

"실수를 인정하지요? 자초지종을 말할 수 있어요?" 질문이 아니다. 잘못을 추궁하는 '심문'이다.

"이번 여름 휴가 때 어디 좋은 데 다녀왔어?" 부장의 이 질문은 자신의 신나는 여행 이야기를 풀어서 자랑하고 싶다는 의도를 비친 것이다. 즉 자기 말을 좀 들어달라고, 질문으로써 '대화 주제를 설정'했다. 이런 질문 아닌 질문을 들었을 때는 정답 제출보다는 배려가 긴요하다. "부장님께서는 이번 여름 휴가에 어디 좋은 데 다녀오셨어요?" 질문을 되돌려주자. 그럴 리는 없겠지만 만약 펼쳐진 멍석 위에 촐싹 올라서서 "아, 저는 제주도 다녀왔어요." 자신의 짜릿한 휴가 이야기만 신나게 풀어놓는다면 참으로 눈치 없는 부하다.

이러한 ▶명령형, ▶질책형, ▶심문형 그리고 ▶주제 설정 목적의 질문은 설명을 생략한다. 우리 모두에게 익숙한 '질문 아닌 질문'이다. 아니, 현실적으로 대부분은 '질문 아닌 질책'인 경우가 많다.

질문다운 질문은 ▶자신에게 던지는 질문과 ▶타인(부하직원)에게 주는 질문으로 나뉜다. '자신에게 던지는 질문'부터 간단히 살펴보자.

자신에게 던지는 질문, 스스로 찾는 답변

(오늘 지하철로 출근할까? 아니면 차를 몰고 갈까?) 이 질문에 스스로 답해야 한다.

(그래, 주차도 힘든데 오늘은 지하철로 가자.) 즉 자문자답(自問自答)이다.

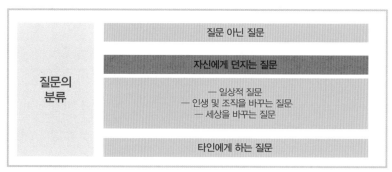

〈표 2〉 자신에게 던지는 질문

일상적 질문

사실, 의식하지는 못하지만, 우리는 온종일 자신에게 질문하고 스스로 해답을 찾아낸 다음 행동한다.

(팀장 얼굴이 왜 저렇게 찌그러져 있지? 어이쿠, 방금 내 보고가 못마땅해서 그렇구나! 가서 풀어드려야겠네.) 자문자답 과정에서 반성도 한다.

(이 불량품이 왜 나왔지? 부품의 품질에 문제가 있나?) 질문이 문제를 정의하고 답을 찾게 만든다. 생각에 잠기게 만든다.

마릴리 애덤스는 『삶을 변화시키는 질문의 기술』에서, '생각'이란 자기 자신과의 대화라고 주장한다.[17] 앞서 인간의 사고란 '자문자답의 과정'이라고 했다. '나는 생각한다. 고로 존재한다.' 이는 '나는 질문한다. 고로 존재한다.'와 같은 말이다.

---

17 애덤스, 마릴리(정명진 옮김). (2019). 44쪽.

인생을 바꾸는 질문

일상적인 자문자답을 넘어, 자신의 인생에 관한 질문도 중요하다. 자기혁신의 출발점이다.

(출퇴근하면서 왕복 2시간씩이나 운전하다니 … 인생 낭비 아닐까? 지하철에서 책을 읽는 습관이 더 낫지 않을까?)

좋은 질문이 훌륭한 인생을 이끈다. 질문의 수준이 곧 삶의 수준이 된다.

(주차를 쉽게 하려면 어떻게 해야지? 일찍 가는 수밖에 없군. 일찍 가서 뭐하지? 회사 근처 체육관에서 매일 운동해볼까?)

(보고를 잘하려면 어떻게 해야지? 무슨 책이 없을까? 오늘 서점에 들러보자.)

여러분도 인생을 바꾸는 질문을 종종 하지 않는가? 오래전에 필자도 질문했었다. 나 자신에게 말이다.

달과 6펜스

 사례 13

나는 누구인가? 삶에서 정말 하고 싶은 것이 무엇인가? 내 적성은 뭘까? 내가 진정 좋아하는 일은 무엇이란 말인가? 내가 내 인생을 향해 던진 최초의 질문이었다. 대학 1학년 때였다. 서머싯 몸의 『달과 6펜스』때문이었다. 후기 인상파 화가인 폴 고갱의 삶을 바탕 삼아 쓴 소설이었다.

고갱이 되고 싶었던 나

주인공은 증권회사의 주식중개인이다. 경제적으로 윤택한 40대 남자
다. 이 중년 신사가 돌연 무엇엔가 홀린 듯, 처자를 버리고 가출하여,
파리에서 그림을 배우기 시작한다. "도대체 가정을 버리고 왜 가출했
느냐?"라는 질문에 주인공의 대답은 간단했다. "그림을 그리고 싶어
서." "하지만 당신은 이미 나이가 마흔 아닌가?" "그러니까 더는 꾸
물댈 수 없었던 거요." "자신에게 재능이 있는지 없는지를 어떻게 알
지?" "… 그림을 그리지 않고는 못 배기니까." 기가 막힌다. 자신을 돌
보아주는 친구의 아내와 통정하여 그 가정을 파탄 내기도 하고, 세상
의 문명을 등지고 남태평양의 외딴 섬으로 가서 오직 그림에만 몰두
한다. 그리고 문둥병과 영양실조로 쓸쓸히 죽는다. 평생 그림 한 점 못
팔았다.

그는 예술이라는 높고 고매한 가치를 추구하기 위해서 직업, 가
족, 사회적 의무, 사랑, 우정, 윤리라는 일상의 현실적 무게들을 가차
없이 내던졌다. 일반적인 관점에서 본다면, 괴짜에 배덕한 인물이었
다. 일탈로 치부할 수도 있었다. 그러나 한편으로 생각하면, 사회적
비난과 경제난까지도 감수하며 자신의 깊은 곳에서 울리는 내면의
요구만을 충실히 따른, 평범하지 않은 인생이었다.

이럴 수도 있구나! 그 색다른 삶이 열아홉 살의 나에게 큰 충격으로
다가왔다. 대학 진학이라는 가치 이외에 다른 어떠한 것도 찾아보고

추구해볼 기회를 얻지 못했다. 그동안 형성된 자아는 학교와 가족과 사회가 나에게 주입한 집착과 욕심의 변형일 뿐 아닌가? 나의 인생은 그간 타율적으로 만들어져 온 것이 아닌가?

나는 질문을 시작했다. 나는 과연 주변의 기대감, 주입된 세속적인 가치관, 사회적 인정감 그리고 경제적 안정감을 훌훌 벗어던질 수 있을까? 오직 자신의 재능과 본능이 요구하는 어떤 한 가지에 몰두할 수 있을까? 그런데 내가 진정으로 사로잡혀 미칠 수 있는 그 대상은 과연 무엇일까? 내 재능과 본성은 무엇일까? 진정한 나를 어떻게 찾을 수 있을까? "… 그림을 그리지 않고는 못 배기니까." 내면의 숨은 외침을 듣고 적극적인 행동에 옮긴 고갱이 참으로 부러웠다.

고갱이 될 수 없는 나

대학 생활 내내 답을 구하기 위한 시도가 이어졌다. 너무 많아 일종의 방황이었다. 연극도 해보고, 테니스도 열심히 쳐보고, 학보사 기자도 해보고, 영어 동아리도 해보고, 그룹사운드 동아리 회장도 해보았다. 혹시나 재능이 공부하는 쪽에 있지 않나 싶어 도서관에 죽치고 앉아 있어도 보았다. 심지어는 과감하게 다방 사업도 시도해보았다. 열심히 노력했다.

끈질긴 도전 끝에 드디어 답을 구할 수 있었다. 연극은 외모가 특출하지 않아 전혀 전망이 없었고, 운동 신경은 지극히 평범했으며, 글재주는 안타깝게도 신통치 않았고, 영어보다는 한국말이 훨씬 더 편했으며, 뛰어난 음악적 재능은 좀처럼 찾아볼 수 없었고, 공부는 솔직히 하기 싫었으며, 다방 사업은 곧장 망하고 말았다. 장교로 군대에 갔으나, 말뚝 박을 소질은 결코 발견할 수 없었다. 자아 모색의 결과는 비참했다. 한 가지 크게 깨닫기도 했다. 고갱과 나의 근본적 차이는 천재성 유무였다.

나는 누구인가? 인생에서 정말 무엇을 하고 싶은가? 내 적성은 과연 무엇일까? 내가 진정 좋아하는 일은 무엇이란 말인가? 나는 오늘도 나에게 이 질문을 던지고 있다. 내일 뭔가 답을 찾을 수 있다는 희망을 버리지 못하고 말이다. 열아홉 살 때의 그 질문 때문이다. 이 나이에도 내 인생의 전성기는 아직 오지 않았다고 믿고 있다. 이것저것 계속 도전한다. 도전? 글쎄, 또 다른 질문이 떠오른다. 사실은 휘뚜루마뚜루[18] 방황하는 인생의 민낯을 번드르르하게 멋스리는[19] 겉치레 아닌가?

자신에게 어떤 질문을 하는가? 질문에 따라 인생의 향방이 달라진다. (아무쪼록 질문을 잘해야 한다. 자칫 인생을 방황할 수도 있다.) 무한한 잠재능력이 살아난다. 끊임없이 매일매일 새로운 질문을 자신에게 던지면 분명 성공한다.

---

18 (편집자 주) '휘뚜루마뚜루'는 '이것저것 가리지 아니하고 닥치는 대로 마구 해치우는 모양'이라는 뜻의 순우리말.

19 (편집자 주) '멋스리다'는 '말이나 행동을 꾸며서 하다.'는 뜻의 순우리말.

나는 누구인가? 혹시 가해자 아닐까?

사례 14

한 후배가 나에게 전화했다. 이 책의 초고를 검토해준 고마운 사람이다. 책이 출간됐느냐는 질문에서 시작하여 서로의 말이 꼬리를 물고 길게 이어졌다. 나는 누구인가? 헉! 그 후배는 답을 찾았다고 한다. 나는 어떻게 살아야 하나? 그 답도 찾았다고 했다. 어느 직장인인들 사람멀미의 통증을 겪지 않는 사람이 있을까? 이 책의 초고를 읽으며 처음에는 신이 났다고 한다. 당하는 피해자로서 읽으니 상사들의 꼰대 짓 분석이 통쾌했다는 것이다. 그러나 점차 '어? 혹시 내가 바로 그 꼰대 아닌가? 내가 바로 사람멀미의 그 가해자일 수도 있겠네 …. 스멀스멀 반성이 올라와 퍼졌다. 소환하지도 않은 기억들이 마구 쏟아져 나왔다. 나는 왜 부하가 제출한 보고서를 읽다 말고 확 밀쳤을까? (집어 던지지는 않았지만.) 그 순간 나는 부하의 표정을 왜 읽지 못했나? 결국, 나는 공감능력이 빵점인 괴물이었단 말인가? 왜 한 번도 부하들과 대화하며 그들을 이해하려고 노력하지 않았을까? 왜 입만 벌리면 그렇게 모욕적으로 잔인한 말을 해댔을까?' 그 후배는 실토했다.

"피해자로서 이 책을 읽기 시작하여 결국 가해자가 되어 책을 덮었습니다."

과거의 자신은 머리에 뿔 달린 괴물이었다는 것이다. 쓰라린 자기인식이었다. 다행히 요즈음 그 후배는 부하들에게 칭찬부터 하려고 애쓴다고 했다. 인내와 온유함 유지에 매진한다는 것이다. 순한 말을 쓰려고 부단히 노력하고 있다고 한다.

'너 자신을 알라!' 자신의 무지함을 깨닫고 그 반성으로부터 새로운 진리를 찾으라는 경구다.

'나는 누구인가?' 인생 최고의 질문이다. 살면서 언젠가는 한 번쯤 던져봐야 한다.

세상을 바꾸는 질문

(우리 회사에서도 6시그마 품질 관리가 가능할까?)

(이 전략이 과연 타당할까?)

조직 내에 훌륭한 질문이 넘친다면 그 조직의 발전 속도는 당연히 빨라진다.

좋은 질문은 인생 및 조직뿐만 아니라 세상도 발전시킨다.

(시간이란 무엇인가?) (빛의 속도로 우주를 여행한다면 세상은 어떻게 보일까?) 아인슈타인의 질문이다.[20]

(사과는 왜 땅으로 떨어지지?) 뉴턴의 질문이다.

(인간은 왜 살까? 어떻게 살아야 하지?) 수많은 철학자의 질문이다.

좋은 질문은 문제의 핵심을 꿰뚫는 통찰을 제공한다. 세상을 발전시

---

20 "중요한 점은 질문을 멈추지 않는 것이다. 호기심은 그 자체만으로도 존재 이유가 있다. (중략) 신성한 호기심을 절대 잃지 말라.(The important thing is not to stop questioning. Curiosity has its own reason for existing. (중략) Never lose a holy curiosity.)" 아인슈타인의 천재성은 단순히 지능만이 아니다. 남들과는 다른 방식으로 세상을 보았다는 점이다. 새로운 발상은 새로운 질문에서 시작된다.

킨다.[21] 이제 본격적으로 부하직원과 면담할 때 활용할 질문의 종류를 살펴보자.

타인(부하직원)을 향한 질문의 종류

부하에게 '말'할 때, 서술(설명), 주장(지시) 그리고 질문 중 여러분은 주로 어떤 방식을 사용하는가? 오늘부터 며칠 동안 부하에게 오직 질문만 해보자. 어? 그게 말이 되는 소리일까?

(정말로? 질문만 하라고? 설명이나 지시를 전혀 하지 말라는 건가? 과연 일이 잘 진행될까?)

참말이다. 일이 더 잘 된다. 며칠만 꾹 참자. 입을 열었을 때는 오직 질문만 해보자. 단, 좋은 질문이어야 한다.

부하에게 던지는 좋은 질문은 크게 두 가지로 나뉜다. '관계중심적 질문'과 '문제중심적 질문'이다.

---

21 질문의 중요성, 원칙 그리고 기술에 관심을 가진 분들은 다음 책을 참고하기 바란다. ▶소벨, 앤드류와 파나스, 제럴드(안진환 옮김). (2012). 이 책은 상대의 결단을 끌어내는 질문, 관심을 드러내는 질문, 문제의 핵심을 인식시키는 질문 그리고 자신의 삶에서 무엇이 중요한지 판단하는 질문들을 설명한다. ▶애덤스, 마릴리(정명진 옮김). (2019). 저자는 질문을 심판자의 질문과 학습자의 질문으로 나눴다. 자신이 만들어내는 질문의 성격이 인간관계 및 직장생활에서 사고방식, 행동, 성과에 큰 차이를 가져온다고 주장한다. ▶한근태. (2018). 저자는 훌륭한 질문이 목표 달성, 인간관계, 성과 향상 그리고 리더십 함양에 끼치는 큰 영향을 설명했다. ▶사이토 다카시. (2017). 이 책은 올바른 질문을 던지는 원칙과 테크닉을 설명한다. ▶유, 아이작. (2017). 저자는 창의력, 설득력, 생산성, 의지력, 비판적 사고력 그리고 자기 성찰을 극대화하는 질문들을 설명했다.

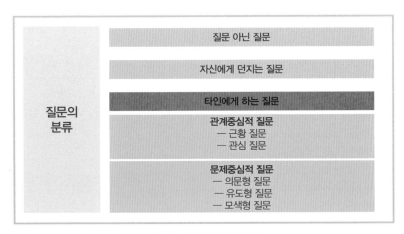

질문의 분류	질문 아닌 질문
	자신에게 던지는 질문
	타인에게 하는 질문
	관계중심적 질문 — 근황 질문 — 관심 질문
	문제중심적 질문 — 의문형 질문 — 유도형 질문 — 모색형 질문

〈표 3〉 타인에게 하는 질문

관계중심적 질문

'관계중심적 질문'은 가볍다. 하지만 강력하다. 부하의 마음 문을 여는 열쇠다. 관계를 성숙시키는 접착제 역할을 한다. 호감까지 획득하는 마법 지팡이다. 두 가지로 구분된다. ▶근황 질문과 ▶관심 질문이다.

근황 질문

"지난 주말에 잘 쉬었어요?" '근황 질문'은, 정확히 말하자면, '상대가 취한 휴식의 품질'이 정말로 궁금해서 물어보는 말이 아니다. *(너와 말을 섞고 싶어.)* 상대에게 보내는 소통 욕구의 의사 표시다. 인사성 질문이다. 호감 확보가 목적이다. *(내 손에는 무기가 없어.)* 상대를 해치지 않겠다고 빈손을 내미는 악수의 원래 의미와 같다.

천사역의 관계중심적 질문

 사례 15

잡혀 온 범죄 피의자의 답변은 죄다 거짓이다. 옭아매려는 형사의 질문에 제대로 솔직히 답하는 범인은 없다. 끝까지 버틴다. 한참 후 취조실에 다른 형사가 들어온다. 범죄심리분석관(profiler)이다. 커피 한 잔을 건넨다. *(어? 웬 커피 ….)* 피의자가 테이블 앞으로 몸을 기울인다. 형사도 따라 한다.

"밥 좀 먹었어요? 아이들은 잘 크고 있고요?"

근황 및 관심 질문이다. *(아, 내 아이들!)* 범인이 왼쪽으로 고개를 약간 떨군다. 형사는 오른쪽으로 고개를 약간 숙인다. 미러링이다. 형사는 담배 한 대를 권한다. "아이고, 힘들지요." 공감 표현이다. 그러다 보면 범인은 자백하기 시작한다. '호의'가 피의자의 마음 문을 열었기 때문이다. 마음속에서 진심이 올라오는 것이 보인다. 첫 번째 형사의 심문이 강압적이었던 만큼, 두 번째 형사의 작은 호감 전달은 더 큰 힘을 발휘한다.

부하를 이해하고 싶은가? 공감능력이 부족하다고 생각한다면 이성적 이해가 긴요하다. 부하의 마음 문을 열어야 한다. 온유함 유지는 기본이다. 근황 질문, 관심 질문 그리고 공감 표현이 방법이다. *(나중에 설명하겠지만 칭찬도 호감 전달에 효과가 크다.)*

관심 질문

"참, 아기 이름이 윤정이지요? 윤정이가 아프다더니 많이 나았어요?"

(내가 자네에게 관심(또는 애정)이 있어.)

'관심 질문'이다. 근황 질문과는 달리 실제로 답을 알고 싶기에 던지는 질문이다. 상대의 가슴과 머릿속으로 들어가, 상대의 마음과 생각을 읽고 싶다는 의지 표현이다. 관심과 배려를 나타내는 것이다. 관심 질문은 애정에서 나온다. 애정의 반대말은 '증오'가 아니라 '무관심'이다.

유사성을 느끼게 만드는 공통 관심사(스포츠, 고향, 동창, 취미 등)를 끄집어내는 질문도 좋다. *(우리 같은 편이지? 연대감을 느끼고 싶어.)* 같은 편이라는 소속감 그리고 "본부장님이 가끔 좀 심하지?" 심지어 미워하는 사람이 같다는 동질감을 유도하는 질문도 하자. 유사성과 동질감은 호감을 끌어낸다. 또한, 훌륭한 관심 질문은 답하기 쉽다. "집이 어디야?" 평가와도 무관하다. 그런데 관심이 그악하면[22] 곤란하다.

그악한 관심 질문

"그 아파트는 전세야? 산 거야?" "자네 나이 서른이 넘었지? 결혼해야지. 왜 아직 결혼 안 해?"

이는 사생활 개입이자 가치관 강요다. 자칫, 꼰대가 된다.

"자네 요즈음 무슨 일을 하고 있어?"

---

22 (편집자 주) '그악하다'는 '지나치게 심하다. 끈질기고 억척스럽다.'는 뜻의 순우리말.

이는 결코 관계중심적 관심 질문이 아니다. 업무에 관한 평가적 질문이기 때문이다. 심사하여 판단하겠다는 뜻이다. 부하를 긴장하게 만든다.

관심 질문의 전제는 관찰

여러분은 오늘 부하직원에게 근황 질문이나 관심 질문을 몇 번이나 했는가? 무릇 인사성으로 건네는 근황 질문보다는 관심이나 애정을 표현하는 관심 질문을 훨씬 많이 했을 것이다. 아, 그런데 반성하는 사람이 많은 듯하다.

(이런, 지난 한 달간 한 번도 한 기억이 없는데 …. 근데 꼭 관심을 보이고 그래야 하나요?)

소중한 관계는 관심을 끌게 마련이다. 자녀들을 향한 관심처럼 말이다. 훌륭한 관심 질문의 전제는 다름 아닌 '관찰'이다. 관심 질문은 관찰 기억과 기록에서 나온다. 부하의 생일 또는 자녀 이름을 아는가? 관찰 근거 없이 관심 질문이라고 주장할 수는 없다.

대화의 시작은 관계중심적 질문

부하와의 면담은 당연히 관계중심적 질문(근황 질문, 관심 질문)으로 시작한다. 세계 공통의 법칙이다. 청춘 남녀의 관계도 통상 이런 관계중심적 질문으로 시작되지 않는가.

"자주 뵙네요. 직장이 이 근처인가 봐요?" "저도 그 책 사려고 했는데, 그 책 재미있어요?"

물론 가끔, "왜 남의 차를 들이받아요! 엄청나게 찌그러들었네. 어떻게 해결할 거예요?" 문제중심적 질문으로 관계가 시작될 수도 있다.

문제중심적 질문

'문제중심적 질문'은 세 가지로 구분한다. ▶내가 몰라 묻는 의문형 질문, ▶나는 알고 상대는 모르기에 묻는 유도형 질문 그리고 ▶서로 모르기에 질문하는 모색형 질문이다.

의문형 질문

"김 과장은 부하들에게 뜬금없이 왜 화를 내나요? 무슨 일이 있어요? 왜 그래요?" 내가 정말 모르기에 묻는 '의문형 질문'이다. "회의가 몇 시에 시작하나요?" 정보 취득을 위한 의문형 질문이다. "그 사안을 어떻게 처리했지요? 왜 그랬나요?" 목적 및 방법을 이해하기 위한 의문형 질문이다. "뭐라고요? 그 본부장님이 잘렸다고요?" 사실 확인을 위한 질문이다. 이렇듯 의문형 질문은 정보 수집, 이해, 확인이 목적이다.

유도형 질문

질문은 모를 때만 하는 것이 아니다. 나는 정답을 안다.[23] 그래도 질문한다. 상대방의 사고를 자극하고 촉진하기 위한 '유도형 질문'이다.

---

23 물론 예외도 있다. 유도형 질문을 하는 사람 자신도 답을 모를 수 있다. "자네의 장례식 날 세상 사람들이 자네에게 어떤 평을 했으면 좋겠나?" 대답하는 사람이 질문을 받기 전까지는 생각지 못했던 사안을 생각하도록 유도하는 질문이니 유도형 질문이다.

▶"그렇게 하면 고객이 어떻게 생각할까요?"

부하에게 문제의 핵심을 찾도록 생각의 방향을 '유도'해주는 질문이다.

▶"그건 업무의 우선순위 문제 아닐까요? 어떻게 설정하면 될까요?"

질문으로 문제의 틀 또는 재정의를 '유도'하기도 한다.

▶"이번 실수는 덮자. 다음에는 더 잘하겠지?"

확약을 유도하는 질문이다. 부하와 면담할 때 무의식중에 가장 많이 사용하는 질문 형태다.

요즘 학교에서는 교사들도 학생들의 사고를 자극하기 위한 유도형 질문을 자주 던진다. (교육계에서는 이를 발문(發問)이라고 한다.)

"콩쥐를 울게 만든 건 올바른 행동일까요? 아, 그래요? 그럼 팥쥐의 어떤 점이 나쁜가요?"

건강한 가치관도 키운다.

"여러분이 콩쥐라면 어떻게 할 거예요? 그 이야기 뒤에 어떻게 되었을까요?"

상상력 및 창의력을 키운다. 어린 학생들도 제대로 생각할 수 있다. 억지로 끌어당기지 말자. 부하들도 믿자. 사고력을 가진 부하들은 다 알고 있다. 단지 생각하고 답할 기회가 없었을 뿐이다.

"오빠, 오빠는 내가 왜 화났는지 알아? 대답해봐!" 조심하자. 이런 유도형 질문에 곧이곧대로 대답하면 바보다. 이때는 절대로 정답을 '생각'하면 안 된다. 해결책은 따로 있다. "화났구나?" 공감 표현 후, "미안

해! 미안해! 아, 내가 죽일 놈이지!" 두 손으로 자기 가슴을 마구 치고 머리를 쥐어뜯으며 울부짖으면 된다. 공감의 가시적 표현이 바로 해법이다. 기억하자. 이럴 때는 상대가 유도하는 대로 따라가며 답하면 홍역 치른다. 문제해결의 핵심은 분석이 아니라 공감이다.

못된 유도형 질문: 퀴즈형

질문하는 사람도 조심하자. (어라, 나를 조종하네. 나를 갖고 놀고 있어!) 유도형 질문은 자칫 상대가 '자신을 유도하고 조종한다.'라고 느낄 때 그 효과가 반감된다. 상사는 출제자이고, 부하는 문제를 푸는 사람이라는 자세는 곤란하다. 자칫 독선적으로 자신이 옳다고 생각하는 방향으로 몰아붙이는 '오염된 질문'은 반발을 초래한다.

엄밀한 구분은 어렵지만 유도의 의도가 너무 지나치면 퀴즈형 질문이 된다. 이건 정답을 맞혀야 한다. 요즈음 신세대는 이런 퀴즈형 질문을 '답정너'라고 한다. 즉 '답은 정해져 있으니 너는 대답만 해.'라는 말의 약어다.

"김 팀장은 고객 만족의 정의가 대체 뭐라고 생각하나요?"

평가자 앞에서 시험을 치르게 된 부하는 긴장한다. 상사가 감춘 정답 찾기에 들어간다. 부하를 스트레스로 짓눌러 죽이는 일이다. 결코, 칭송받을 상사는 아니다. (이 인간아, 자근거리지 말고 그냥 정답을 말해라.) 더구나 사장 앞에서 본부장이 자신의 부하 팀장에게 이런 식의 질문을 던지면 어쩌나?

"자네는 올해 사장님께서 신년사에서 강조하신 핵심 세 가지가 뭐라고 생각하나?"

세상에! 필자는 자기 부하를 제물로 삼아 사장 앞에서 자기 지식과 역량, 충성심 등을 과시하는 그런 못된 사람도 봤다. 부하를 긴장시키는 퀴즈형 질문은 제발 자제하자.

못된 유도형 질문: 자기 과시형

퀴즈형 질문만이 아니다. 역시 유도형 질문이긴 하지만, 자신을 인정해 달라고 유도하는 자기 과시형 질문도 바람직한 질문은 아니다.

"아이고, 바빠 죽겠는데, 왜 높은 분들은 다른 사람 놔두고 자꾸 나만 찾지?"

부하들은 상사가 전화 통화를 끝낸 후 내뱉는 우렁찬 혼잣말을 못 들은 척할 수는 없고, 반응하지 않을 수 없다.

"부장님이 워낙 유능하셔서서 …. 이번엔 또 누가 찾으시나요?"

부하들은 비굴함으로 소통을 시작("부장님이 워낙 유능하셔서…")했으나, 곧 스스로가 싫어진다. 그래서 말꼬리를 관심 질문("이번엔 또 누가 찾으시나요?")으로 돌린다. 사실, 부장에게 자신을 과시할 기회를 더 주어야 부하로서 마땅한 자세(?)가 아닌가. 자기 과시형 질문은 제발 자제하자. (그래, 잘~났다! 잘난 척하다가 제발 혼 좀 나라!) 멸시받기 십상이다.

진정한 유도형 질문의 가치

면담은 질문과 경청이다. 질문은 초반에는 관심 질문이고, 그 이후에는 대부분 유도형 질문이다. 하지만 조심하자. 부하를 자신이 미리 설정해놓은 결론으로 유도하거나 설득하려는 '의도'는 불순하다. 이 대목에서, 어? 독자들의 질문이 들린다.

(그래도 그렇지, 내가 부하들보다는 지식이나 경험이 더 나은데….)

왜 꼭 자기 생각만이 옳다고 고집하는가? 방향만 유도하라. 부하가 스스로 판단하여 결정했다고 느끼게 해야 한다. 추진력이 배가된다. 유도형 질문의 귀한 가치다. 지시와 설득보다 유도형 질문이 그래서 중요하다.

소크라테스야말로 유도형 질문의 명수였다. 자신이 직접 진리를 말하지 않았다. 상대에게 질문해서 직접 깨닫게 했다. 질문의 힘을 이해하고 실천한 철학자다. 면담 때만큼은 소크라테스가 되어보자.

모색형 질문

"양가에서 모두 우리 결혼을 반대하는데, 이제 우리 어떻게 해야지? 손잡고 멀리 도망갈까?"

나도 모르고 상대방도 모르는 답을 찾기 위한 '모색형 질문'이다. 창의성을 요구하는 가장 무거운 질문이다. 모색형 질문은 잠든 자발성, 열성, 도전정신 그리고 성장 욕구를 일깨우는 원동력이다.

▶만약 케네디 대통령이 쿠바의 피그만 침공을 승인하기 전에 '쿠바 침공이 만약 실패하고, 그래서 미국이 배후에 있었다는 사실이 전 세계에 알려지면, 우리가 받을 외교적 타격이 어떻게 될까요?' 이런 모색형 질문을 던졌다면 작전 실패로 인한 외교적 대참사는 피할 수 있었을 것이다. ▶'고객 불만을 체계적으로 미리 감지할 방법은 없을까요?' 리

더는 끊임없이 모색형 질문을 던져야 한다. 질문으로 문제 내기가 문제 풀기보다 더 중요하고 더 어려운 법이다.

끊임없이 모색하라. 깨달음을 모색하는 질문은 세상을 바꾼다. ▶'빛의 속도로 이동하는 게 가능할까? 그렇게 되면 어떻게 될까?' 아인슈타인이 만든 기막힌 질문이다. ▶"당신 회사 사업의 본질이 뭐라고 생각합니까?" 경영학의 거두 피터 드러커가 조언 대신 던진 모색형 질문이다. ▶"호텔업이 뭡니까?" 이건희 회장은 업의 본질을 물었다. 이런 모색형 질문에 '서비스업'이라고 대꾸하면 낙제다. "입지에 따라 성패가 갈리고, 새 시설로 손님을 끌어야 하니 부동산업과 장치산업에 가깝습니다."라는 대답이 정답에 가깝다. 핵심을 꿰뚫는 이런 질문은 생각을 자극한다. 조직의 변화를 끌어낸다. ▶정주영 회장은, 비록 질책이 조금 섞이긴 했지만, 모색형 질문을 자주 했다. "불가능하다고? 해보기는 했어?" 방법을 찾아내라는 독려다. 도전정신을 일깨운다.

브레인스토밍과 모색형 질문

브레인스토밍은 새로운 아이디어 생산이 목적이다. 그런데 잘 안 되는 이유가 뭘까? 두 가지다. ▶첫째, 참가자들이, 특히 상사가 '비판 금지'라는 원칙을 어기고 "그거 아냐!" "그게 말이 되니?"와 같은 평가적 발언을 남발하기 때문이다. 일단, 상사가 개입해서 발언 하나하나를 평가하는 순간부터 부하들은 스스로 입을 단속한다. *(괜히 시험 치르고 평가받으며 스트레스받을 거 있나?)* 적당히 중간만 가자는 집단심리가 발동된다.

　조심하자. 브레인스토밍 시 '아이디어 솔선수범 제시' 외에 상사가 할 일은 두 가지다. 부하들이 제시한 아이디어를 '고개를 끄덕이며 맞장구(오호! 흠! 이야!)로 받아주기'와 ('잘하고 있네.'라는 메시지를 담은) '온화한 미소 띠기'다. 혹 자동차 유리창 앞에 놓인 인형을 본 적이 있는가? 차가 흔들릴 때마다 미소 띤 표정으로 목을 끄덕이는 인형 말이다. 바로 그것이 브레인스토밍할 때 상사가 취할 행동이다.

　▶브레인스토밍이 실패하는 둘째 이유다. 애초에 제대로 된 모색형 질문을 만드는 데 시간을 쏟지 않기 때문이다. 일전에 '자율주행차의 발전에 따른 새로운 사업 기회 발굴'이라는 제목 하나만 칠판에 써놓고 브레인스토밍하는 모습을 보았다. 중구난방 되기에 십상이다. 제대로 하려면, 주어진 시간의 50% 이상을 수많은 모색형 질문을 만드는 데 써야 한다.

아인슈타인이 말했다. '질문이 정답보다 중요하다. 만약 목숨을 구할 방법을 단 한 시간 안에 찾아야만 한다면, 55분을 올바른 질문을 찾는 데 사용하겠다. 그런 좋은 질문을 찾고 나면, 정답을 찾는 데는 5분도 걸리지 않을 것이다.' 따져보면 질문을 찾는 55분은 60분의 92%다! (아, 이것저것 따지다 보니, 바로 이것 하나가 근본적으로 해결해야 할 바로 그 문제구나!) 큰 질문 하나를 추출하는 과정에서 이미 수많은 작은 질문과 답을 찾아보았다는 뜻이 아닐까? 하긴 영국의 철학자 베이컨도 비슷한 말을 했다. '질문으로 파고들면 문제의 해답을 반쯤 얻는다. 즉 진중한 질문은 지혜의 절반을 차지한다.'

"자율주행차는 언제 실용화될까? 그 근거는?" "시기별로 어떤 자율주행 수준일까?" "어떤 기업이 주도하게 될까?" "앱으로 부르면 편하니, 차량 소유 문화는 어찌 될까?" "사고가 덜 나니, 보험업과 의료업에서 새로운 사업 기회는?" "종합 엔터테인먼트 분야의 사업 기회는?" "도시가 퍼진다면 부동산개발 분야 사업 기회는?" "각 분야 경쟁우위 확보 요소는?" 이제 나머지 시간에 참석자는 돌아가며 각 질문에 의견을 발표하면 된다. 질문이 좋으면 답도 좋아진다. 브레인스토밍을 하려면 우선 칠판에 모색형 질문부터 잔뜩 만들어 써놓자.

못난 상사, 평범한 상사, 훌륭한 상사, 비범한 상사

(1) 못난 상사는 질문을 하지 않고 듣지도 않는다. 혼자 떠든다. 툭하면 호통친다.

(2) 평범한 상사는 질문하긴 한다. 그러나 주로 힐난이나 질책형의 '질문 아닌 질문'이다. 부하의 답변은 제대로 듣지 않는다. 자기가 다음에 할 말을 생각하기 때문이다.

(3) 훌륭한 상사는 유도형 질문을 하고 대답에 귀를 기울인다. 꾸준한 질문 연습이 훌륭한 상사가 되는 지름길 중 하나다.

(4) 비범한 상사는 유도형 질문뿐 아니라 부하가 스스로 자신의 업무에 관해, 자기 육성에 관해 해답을 찾게끔 모색형 질문을 잘 만들어 제공한다. 아인슈타인의 법칙에 따르면, 상사가 55분 동안 숙고해서 훌륭한 모색형 질문을 찾아서 던지면, 부하는 5분 만에 답할 수 있다. 질문하는 상사가 사실 더 어렵다. 더욱더 열심히 '질문 연습'을 해야 한다.

질문은 통제 수단

거듭, 못난 상사는 질문하지 않는다. 호통친다. 평범한 상사는 질문 아닌 질문을 던진다. 질문으로 위장한 힐난과 질책이다.

(이분, 오늘 또 왜 이래? 약을 안 드셨나? 아, 빨리 좀 끝내지 ….)

고개를 숙인 부하는 한없이 길게 늘어지는 말을 묵묵히 듣기만 한다. 순종의 태도다. 글쎄? 정녕 상사가 부하를 통제하는 상황일까? 상사는 그렇다고 느낄지 모른다. 사실은 상사의 얼굴 앞에서만 잠깐 보여주는 소극적인 복종일 소지가 크다.

못난 상사는 그렇게 생각하겠지만, 효과적인 통제 수단은 결코 긴 잔소리나 호통이 아니다. 예를 들어 정치인들이 일방적인 연설보다 기자회견을 위해 더 많은 시간을 쏟아 준비하는 이유는 뭘까? 질문하는 기자들이 통제권을 갖기 때문이다.[24] 질문이 통제다.

"자, 앉아서 자초지종을 설명 좀 해봐요.""계획과 어긋나게 된 이유가 뭘까요?"

훌륭한 상사는 질문한다. 유도형 질문이다.

"이런 문제가 재발하지 않게 하려면 무엇을 어떻게 해야 하나요? 내가 도와줄 것은 뭐지요?"

비범한 상사도 질문한다. 모색형 질문이다. '유도형 및 모색형 질문이 가장 훌륭한 통제 수단'임을 알기 때문이다.

---

24 리즈, 도로시(노혜숙 옮김). (2002). 저자는 좋은 질문은 통제 수단이라고 주장한다. 훌륭한 수사관은 질문을 잘해서 피의자가 대화를 능동적으로 이끌어가도록 만드는 사람이다. 아와즈 교이치로(장미화 옮김). (2018). 저자는 "인간은 질문에 지배당하고 있다."라고 주장한다. 인터넷에서 'selective attention test'를 검색하면, 여러 명의 남녀가 농구공을 패스하는 영상이 나온다. 도중에 고릴라가 등장하지만, 영상을 본 대부분 사람은 인식하지 못한다. 왜 그럴까? "흰색 유니폼을 입은 사람들이 모두 몇 번 패스했는가?"라는 애초 질문 때문이다.

'질문'과 '경청'은 소통의 양대 축이다.

☐ 내 귀를 열어 경청하려면, 당연히 부하가 입을 열어야 한다. 그러자면 질문을
잘해야 한다.

☐ 면담 시 상사는 통상 말을 많이 한다. 그러나 경청했다고 느낀다.

● 해결책은 80% 듣고, 20%만 말하기다. 그 20% 말하기의 100%는 질문이어
야 한다.

상사는 스승이 되어야 한다. 가르치는 스승이 아니라 소크라테스처럼 질문하는
스승이다.

☐ 부하와 면담할 때 상사는 오직 질문만 허락된다. 하고 싶은 말을 모두 질문으
로 바꾸자.

● 부하 스스로가 문제점, 해결책 그리고 달성 목표를 생각하게 하라는 뜻
이다.

☐ 성공하려면 고도의 '질문 능력'을 갖추어야 한다.

생각＝질문＋답변이다.

☐ '생각', 즉 인간의 '사고'란 문제를 구성해서 → 스스로 질문을 만들고 → 정보
를 통합시켜서 → 스스로 답에 도달하는 과정을 말한다. '생각'이란 자기 자신
과의 대화다.

☐ 질문을 못 하는 이유는 정서, 인식 그리고 문화의 장벽 때문이다.

☐ 국제적으로 비교해도 우리의 질문 능력은 떨어진다.

- 노벨상을 많이 받는 유대인 교육의 특징은 질문과 토론이다.
- 질문 능력은 쉽게 육성된다. 질문의 중요성을 강조하고, 장려하고, 촉구하고, 실천하면 된다.

질문은 ▶질문 아닌 질문, ▶자신에게 던지는 질문 그리고 ▶타인에게 주는 질문으로 구분된다.

☐ '질문 아닌 질문'은 사실 '명령', '힐난', '질책', '심문' 또는 '대화 주제 설정'이다.

☐ '자신과 조직에 던지는 질문'도 중요하다.

- 좋은 질문이 훌륭한 인생을 만든다. 질문의 수준이 곧 삶의 수준이다.
- 조직 내에 훌륭한 질문이 넘친다면 그 조직의 발전 속도는 빨라진다.
- 좋은 질문은 세상도 발전시킨다.

타인(부하)에게 주는 질문 중 '관계중심적 질문'은 가볍지만 강력하다.

☐ 부하의 마음 문을 여는 열쇠다. 호감까지 획득하는 마법 지팡이다.

☐ '근황 질문'은 정말로 궁금해서 물어보는 말이 아니다. 상대에게 보내는 소통 욕구의 의사 표시다.

☐ '관심 질문'은 답을 실제로 알고 싶기에 던지는 질문이다. 관심은 애정에서 나온다.

- 유사성을 느끼게 만드는 공통 관심사를 끄집어내는 질문, 심지어 미워하는 사람이 같다는 동질감을 유도하는 질문도 관심 질문이다. 유사성과 동질감은 호감을 끌어낸다.

☐ 부하와의 면담은 당연히 관계중심적 질문(근황 질문, 관심 질문)으로 시작한다.

타인(부하)에게 주는 질문 중 '문제중심적 질문'은 세 가지다.

☐ ▶내가 몰라 묻는 의문형 질문, ▶나는 알고 상대는 모르기에 묻는 유도형 질문 그리고 ▶서로 모르기에 질문하는 모색형 질문이다.

☐ '의문형 질문'은 정보 수집, 이해, 확인 등이 목적이다.

'유도형 질문'은 상대방의 사고를 자극하고 촉진한다.

☐ 유도형 질문은 부하가 스스로 판단하여 결정했다고 느끼게 한다. 추진력이 배가된다.

☐ 잘못된 유도형 질문은 퀴즈형과 자기 과시형 질문이다.

- 즉 유도의 의도가 지나치면 퀴즈형 질문이 된다. 부하는 정답을 맞혀야 한다. 스트레스를 받는다.

- 자신을 인정해달라고 유도하는 자기 과시형 질문도 바람직한 질문은 아니다.

'모색형 질문'은 창의성을 요구하는 가장 무거운 질문이다.

☐ 모색형 질문은 잠든 자발성, 열성, 도전정신 그리고 성장 욕구를 일깨우는 원동력이다.

- 리더는 끊임없이 모색형 질문을 던져야 한다. 질문으로 문제 내기가 문제 풀기보다 더 중요하고 더 어려운 법이다.

브레인스토밍에는 모색형 질문이 필수적이다.

☐ 브레인스토밍 성공을 위해서는 상사가 '비판 금지' 원칙을 지켜서 평가적 발언을 남발하지 않아야 한다.

☐ 주어진 시간의 50% 이상을 제대로 된 모색형 질문을 만드는 데 쏟아야 한다.

못난 상사, 평범한 상사, 훌륭한 상사, 비범한 상사

☐ 못난 상사는 질문을 하지 않고 듣지도 않는다. 혼자 떠든다. 툭하면 호통친다.

☐ 평범한 상사는 질문하긴 한다. 주로 힐난이나 질책형의 질문 아닌 질문이다.

☐ 훌륭한 상사는 유도형 질문을 하고 대답에 귀를 기울인다.

☐ 비범한 상사는 유도형 질문뿐 아니라 부하가 스스로 자신의 업무에 관해, 자기 육성에 관해 해답을 찾게끔 모색형 질문도 잘한다.

☐ 적절한 통제 수단은 결코 긴 잔소리나 호통이 아니다. 유도형 질문과 모색형 질문이다.

☐ '나의 꿈은 무엇인가?' 등 자기 자신의 인생에 던지는 질문 세 가지를 마련 해보자.

- 긍정형 질문이어야 한다. 예를 들어, '나는 왜 보고가 능숙하지 못할까?' → '보고를 능숙하게 하려면 나는 무엇을 어떻게 학습해야 할까?'

☐ 조직을 변화시키는 근본적 질문 한 가지를 생각해보자.

☐ 상사는 질문만 하는 사람이다. 내일 온종일 질문만 해보자.

- 부하 한 사람을 선정해서 그 부하에게 줄 관심형 질문 한 가지, 유도형 질 문 세 가지, 모색형 질문 세 가지를 생각해보자.

제2권 제3장

이 QR코드를 휴대전화의 QR코드 앱으로 인식하면 토론방으로 연결되어 여러 독자들이 남긴 소감을 접할 수 있습니다. 여러분의 느낌도 써주십시오. 이 책의 저자와 질문으로 소통할 수도 있습니다.

제4장

질문의 원칙과 기술

"나는 설교하는 꼰대인가?
아니면 질문하는 멘토인가?"

HOW TO BETTER USE
YOUR EARS

앞서 여러분은 각종 '질문 유형(관계중심적인 근황과 관심, 또한 문제중심적인 의문형, 유도형 그리고 모색형 등)'을 학습했다. 요리를 만드는 데 필요한 온갖 음식 재료(채소인 무우와 배추, 또한 육류인 닭고기, 돼지고기 그리고 쇠고기)의 특성을 살펴본 셈이다.

이제 실천 편이다. 요리를 만들어보자. 맛있고, 영양이 균형을 이루어야 한다는 요리의 원칙처럼, 질문에는 어떤 원칙이 있을까? 그렇게 원칙에 맞춰 훌륭한 '질문 요리'를 만들려면, 앞서 익힌 각종 질문 재료를 어떻게 적절히 조합해야 할까?

지금부터 '질문의 원칙과 기본 기술'을 익혀보자. 물론 쉽지 않다. 거듭 말한다. 질문의 원칙과 기술 습득은 참으로 어렵다. 훌륭한 요리사가 쉽사리 되는 것은 아니지 않은가. 오랫동안 어렵고 힘든 숙련의 시간을 거쳐야 한다. 이 4장, '질문의 원칙과 기술'을 부디 시간을 들여 정독하기 바란다. 이 사람멀미 시리즈에서 가장 어려운 부분이다. 아무쪼록 참자. 부디 포기하지 말자. (거듭, '원칙'과 '기본 기술'을 말한다. 요리 하나하나 구체적인 요리법 자체는 상황에 따라 여러분이 판단해야 할 것이다.)

세 가지 질문의 원칙

요즘 젊은 세대의 사고방식은 다르다. 기성세대는 그렇게 느낀다. 회식, 즉 즐겁게 어울리며 인간관계를 돈독히 다지는 행사이며, 우리 민족이 수천 년 동안 이어온 농경사회의 전통적 소집단 모임을 신세대는 이유 없이 괴롭다고 손을 내어 저으니 말이다. 이건 다름의 정도가 아니라 개인과 조직에 관한 인식이 아예 거꾸로다. 그런 부하와 어찌 소통할 수 있을까? 〈그림 1〉을 보자. 상사는 똑바로 서 있는 반면, 부하는 거꾸로다. 상사의 인식을 반영한 그림이다.

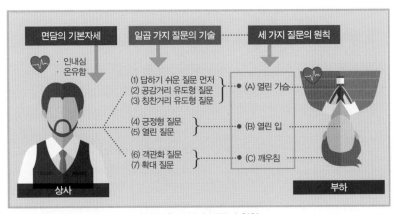

〈그림 1〉 세 가지 질문의 원칙

질문의 원칙은 세 가지다. 〈그림 1〉에서 우선 회색 넥타이를 매고 거꾸로 선 부하의 가슴, 입 그리고 머리를 차례로 보자.

첫째, (A) 부하의 가슴이다. 마음이 통해야 한다. 소통의 대원칙이다. 부하가 '가슴'을 열어젖힐 수 있도록 질문하라는 원칙이다. 부하의 마음 문이 철컥 닫힌 상태에서 면담은 참으로 힘들다. 진땀만 날 뿐이다. 마음이 통하면 심지어 말이 필요 없다. 철학자 헤겔이 말했다. '마음의 문을 여는 손잡이는 바깥쪽이 아닌 안쪽에 있다.' 상대가 스스로 마음 문의 손잡이를 돌려 열고 나올 수 있도록 질문하자. 최우선적이다.

둘째, 경청하자. (B) 부하가 '입'을 벌려 말하게끔 유도해야 한다는 원칙이다.

셋째, 멘토가 되자. (C) 부하의 '머릿속'에 '깨달음'을 넣어주자는 원칙이다. 반복해서 말하지만, 관계유지 측면에서 면담의 구체적인 목적은 ▶부하라는 한 인간 이해를 바탕으로 ▶부하의 소극성, 타율성, 불안감 등 심리 치유, ▶자기 반성 및 해결책 모색 도움 그리고 ▶육성이다. 젊은 사람들은 이런 깨달음을 제공하는 진정한 멘토를 원한다.

요약하자면 질문의 원칙은 세 가지다. (A) 부하의 가슴 문을 여는 질문이 최우선이다. (B) 부하의 입을 열어젖히는 질문을 하라. (C) 부하의 머릿속에 깨달음이 차도록 질문하라.

일곱 가지 질문의 기술

이제 〈그림 2〉 왼쪽의 녹색 넥타이를 맨 상사가 어떤 질문 기술을 익혀야 하는지 살펴보자. 총 일곱 가지 질문의 기술이다.

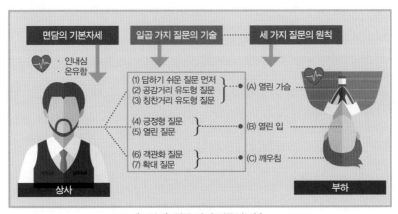

〈그림 2〉 일곱 가지 질문의 기술

부하의 '가슴'을 여는 질문

(A) 부하의 '가슴'을 열려면 세 가지 '질문 기술'이 유용하다.

　(1) **답하기 쉬운 질문.** 이는 주로 가벼운 근황 질문 및 관심 질문이

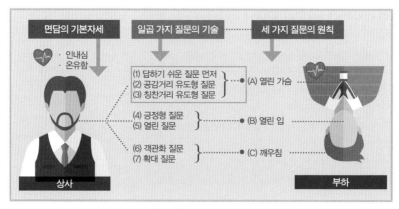

〈그림 3〉 부하의 가슴을 여는 질문들

다. 관계 형성과 유지를 위한 기초적 질문이다. 훌륭한 리더는 과업중심적 행동뿐만 아니라 관계지향적 행동도 대단히 잘하는 사람이다.

(2) 부하의 어려움, 고민, 스트레스 등, **공감거리를 끌어내는 유도형 질문.** 상사가 공감을 표현할 기회를 만든다. 부하와의 정서적 연대가 시작된다.

(3) **칭찬거리를 끌어내는 유도형 질문.** 부하의 업무 결과, 자질 및 능력 그리고 주위에 끼치는 영향을 칭찬하며 인정감을 부여한다. '나를 이해해주고 알아주는 상사'는 부하가 가장 만나고 싶은 상사다.

부하의 '입'을 여는 질문

(B) 부하의 '입'을 열게 하려면 다음과 같은 두 가지 형태의 질문이 효

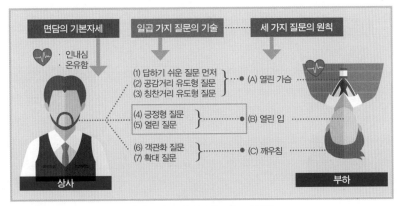

<図4> 부하의 입을 여는 질문들

과적이다.

(4) 부정적 평가와 심판을 배제한 **긍정형 질문**, 즉 무비판 질문이다.

(5) 닫힌 질문(closed question) 대신 **열린 질문**(open question).

부하의 '머릿속'에 깨달음을 넣어주는 질문

(C) 부하의 '머릿속'에 깨달음을 넣어주기 위해서는 두 가지 질문 기술
이 쓸모 있다. 마찬가지로 거의 모두 유도하고 모색을 촉진하는 질
문이다.

(6) 자신의 관점이 아닌 타인의 시각에서 객관적으로 볼 수 있게끔
유도하는 **객관화 질문**.

(7) 근본 목적과 가치를 다시 생각하고 모색하게 촉구하는 **확대형
질문**.

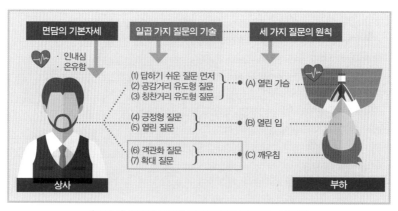
〈그림 5〉 부하의 머릿속에 깨달음을 넣어주는 질문들

이상 나열한 일곱 가지 질문 기술을 하나씩 살펴보자. 중요한 점은, 이들 기술을 적용할 때는 앞 장에서 익힌 각종 '질문 유형(관계중심적인 근황과 관심, 또한 문제중심적인 의문형, 유도형 그리고 모색형 등)'이 활용된다는 사실이다.

우선 첫째 원칙((A) 부하의 가슴 열기) 적용을 위한 질문 기술을 보자. 이 기술은 특히 부하와 아직 상호 신뢰가 형성되지 않았을 때 유용하다. 이런 부하와의 면담이라면, 면담 시간의 '첫 3분의 1'에 이 원칙을 적용해보자. (거꾸로 말하자면 평소 이미 마음 문이 열린 부하에게 이 원칙을 열심히 적용할 필요는 없다.) (1) 답하기 쉬운 질문 먼저, (2) 공감거리를 끌어내는 유도형 질문 후 공감 표현 그리고 (3) 칭찬거리를 끌어내는 유도형 질문과 칭찬을 던지는 방식이다. 부하의 가슴이 자연스레 열린다.

1. 답하기 쉬운 질문 먼저

대화는 무조건 쉽게 답할 수 있는 질문으로 시작해야 한다. 아래 실패 사례를 분석해보자. 상하 간 면담 사례는 아니지만, 대화를 어찌 시작해야 하는지 깨닫게 해준다.

사관생도와 유치원 선생의 비극적 만남

 사례 16

봉사활동 후 자연스레 필자가 끼게 되었다. 서너 명의 중년 여성들이 수다 떠는 저녁 식사 자리였다. 대화는 세상 남성들을 향한 성토로 이어졌다. 한 분이 아스라한 과거 회상에 들어갔다.

"그때 그 남자가 왜 그리 멍청했는지 ···."

환갑이 가까운데도 미모가 돋보인다. 옛날에는 대단한 미인이었겠다. 처녀 시절에 육군사관학교 근처에서 유치원 교사를 했다고 한다. 어느 토요일이었다. (그때는 토요일 오전에도 일했다.) 소복하게 내린 흰 눈이 여인의 마음을 설레게 했다.

(뭔가 일이 생길 것 같은데 ···.)

퇴근길에 정류장에서 버스를 기다리고 있었다. (어?) 느낌이 왔다. 옆 눈으로 힐끗 보니, 한 육사 생도가 서 있었다. (키도 크네!) 그런데 글쎄 그 멋진 제복의 생도가 버스를 따라 타는 게 아닌가. 그러고는 바로 자신의 옆에 내내 서 있는 것이었다.

우연이 아닌 듯했다. 한두 번도 아니고, 매주 토요일 버스를 타면 언제나 그 잘생긴 육사 생도가 바로 옆에 장승처럼 서 있었다.

(… 이건 뭐지?) "처녀 가슴이 뛰었지. 토요일마다 시계를 많이도 쳐다봤어. 정확히 시간 맞춰 45번 버스 타느라고."

그런데 어이없게도 이 남자, 어째 줄곧 말이 없다.

(… 이건 또 뭐지? 두근두근 뛰는 소리가 들리지도 않나? 언어장애? 육사 생도가?)

애간장이 타면서 몇 달이 그렇게 속절없이 지나갔다. 유치원 화단에 수선화가 예쁘게 피었다. 꽃말이 자존감이다.

(아무렴. 여자가 먼저 말을 걸 수는 없지!)

그날도 토요일이었다. 드디어 옆에 선 사관생도가 처음으로 입을 뗐다. 그렇다. 올 게 온 거다.

"아가씨, 제가 다음 주에 졸업합니다. 다음 정류장에서 함께 내리시지 않겠습니까?"

(헉, 멍~! 멍~!) "…."

아무 생각도, 어떤 대꾸도 할 수 없었다. 믿거나 말거나, 30여 년 전까지도 이 땅의 여성들은 조선 시대의 조신한 여성상을 교육받았기 때문이다. 부질없이 팔딱팔딱 뛰는 여인의 심장을 뒤에 남긴 채 그 바보 같은 육사 생도는 다음 정류장에서 그냥 내려버렸다.

그 고운 중년 여인이 술을 한 잔 들이켰다. 술잔을 '탁' 내려놓더니 한숨을 짓는다. 사람들이 물었다.

"그래서 어떻게 됐어요?"

"이야기는 거기에서 끝이에요. … 까막바보는 약으로도 못 고치지요. 아니, 처녀에게, 첫마디인데, 어찌 그런 어려운 질문을 하지요?

그때는 나도 자존감만 꽉 찬 여자인데, '어머나? 어머나! 좋아요. 호호호, 석 달을 애타게 기다렸어요!' 이러면서 냉큼 졸졸 따라 내릴 수는 없잖아요? 사관학교에서는 여자에게 말 거는 방법도 안 가르치나 봐요."

다른 여성들이 박장대소했다. 내가 물었다.

"그때 그 남자가 어떤 식으로 말을 걸었다면 받아줬을까요?"

"간단하지요. '아가씨, 다음 정류장이 어디지요? 동대문인가요? 제가 딴생각하다가 그만 ….' 그 남자가 그렇게 질문했더라면 내가 아무 부담 없이 '어머, 아니에요. 다음은 청량리예요. 동대문은 다음다음이고요.'라고 입을 열었을 텐데 …. 얼굴도 좀 쳐다보고. 그런 후 그 군인 아저씨가, '아가씨, 자주 뵙습니다. 태릉 근처에서 일하시나 보네요?' 이런 답하기 쉬운 질문부터 했으면, 쑥스럽지만, 나도 '… 예.' 정도는 대꾸할 수 있었는데 …."

수선화가 곱게 피었던 그날부터 지난 30여 년 동안, 곱씹어본 그 남자의 모범 질문이었다.

행랑을 빌리면 안방까지 내줄 참이었는데 …. 사관생도의 마수걸이[1]가 참으로 안타깝다. 분명하다. 첫 단추를 잘못 끼우면 옷매무새가 찌그러진다.

"다음 정류장에서 함께 내리시지 않겠습니까?"

비록 형태는 질문이나 사실 질문이 아니다. 명령 비슷하다. 싹이 노랗다.

(아니, 내 자존심은 어떡해! 제복을 입고, 삔지르르하게 생겼으면 다야!)

기억하자. 첫밗[2]이 순하면 내내 순조롭고, 첫밗이 험하면 줄곧 험난해진다. 부하도 이와 다르지 않다. 특히 인간적 신뢰 관계가 아직 형성되지 않은 부하라면 더더욱 상사에 대한 경계심이 클 수밖에 없다. 첫 질문이 중요한 이유다. 면담 시 쉽게 답할 수 있는 가벼운 질문이 우선이다. 이는 물론 정서적 유대감이 이미 형성된 부하에게도 적용해서 나쁠 것 없는 원칙이다.

첫 마디에 다음과 같이 부담을 듬뿍 안기는 질문은 절대 던지지 말자. ▶명령형, 질책형, 심문형 질문들, 즉 질문 아닌 질문이다. ▶퀴즈형 질문이다. "자네는 마케팅이 뭐라고 생각하나?" *(처음부터 다짜고짜 나를 평가하자는 거네.)* 부하는 날아오는 평가의 화살을 우선 적당한 대꾸라는 방패로 그럭저럭 막는다. 동시에 '철컥!' 마음을 철문으로 굳게 잠가버린다. 심리적 안전감을 위협받았기 때문이다. ▶첫마디에 무거운 모색형

---

1 (편집자 주) '마수걸이'는 '맨 처음으로 부딪는 일', '맨 처음으로 물건을 파는 일'이라는 뜻의 순우리말.
2 (편집자 주) '첫밗'은 '일이나 행동의 맨 처음 국면'을 뜻하는 순우리말.

질문도 금물이다. "자네 인생관이 뭐야?" *(당신이 뭔데 그런 질문을 하지?)* 질문은 사고를 강제한다. 강제성 자체가 기분을 나쁘게 만든다. 무거운 모색형 질문은 인간관계가 형성된 후에야 던질 수 있다.

어떤 질문이 상대의 마음 문을 열까?

김골동 매니저와 지점장의 면담 워크숍 현장으로 돌아가 보자. 강 팀장이 진땀 나는 면담 실습을 끝냈다.

 사례 17

"강 팀장의 면담 실습에서 훌륭했던 점이 뭐였나요?"

필자가 물었다. 지켜보던 수강생들이 답했다.

"결과적으로 문제 해결책을 마련했으니 잘한 것 아닙니까?"

이런 반응이 주를 이뤘다. 내가 또 물었다.

"개선점은 없을까요?"

"강 팀장 혼자 너무 많은 말을 했어요. 근데 그 친구 정말 꼴통이네요. 그런 꼴통의 마음과 입을 어찌 엽니까?"

강 팀장을 위한 변호가 잇따랐다. 내가 반문했다.

"그렇다면 여러분은 상사에게 어떤 질문을 받았을 때 마음 문을 열었나요?"

"예? 글쎄요 …. 평소 받은 질문은 거의 명령형, 질책형, 심문형 질문인데요. 그리고 의문형 질문과 퀴즈형(즉 평가형) 질문 좀 받아봤고요. 사실 저희가 꼴통은 아니지만, 상사에게 마음 문을 활짝 열어본 적은 별로 없는 것 같은데요."

수강생들이 쓴웃음을 지었다.

"그럼 다시 물어봅시다. 만약 어떤 질문을 받는다면 마음 문이 열릴까요?"

정답은 당연히 근황 질문과 관심 질문이다. (정답에는 물론 후술하는 '공감과 칭찬을 유도하는 질문'도 포함된다.) 욕하며 배웠다. 상사에게 받아본 적이 없으니, 부하에게 주는 법도 모른다. 면담 실습 시 강 팀장 역시 그랬다. 처음부터 문제중심적 질문으로 뛰어들었다. 관계중심적 질문, 즉 근황 질문과 관심 질문이 전혀 없었다. 그렇지 않아도 불만이 가득 찬 김골동의 가슴 문이 열릴 리 없다. 분명, 사례에는 김골동 매니저가 출퇴근하는 데 왕복 두 시간이나 걸린다는 '중요한' 내용이 있었다. 읽기는 했지만, 눈에 들어오지 않은 것이다.

"집이 멀지요?" "요즈음 매일 늦게 들어가니 지우 엄마 불만이 크지요?"

강 팀장이 면담 초반에 이런 질문으로 김골동의 복리후생에 관심을 보였다면, 면담은 훨씬 부드럽게 진행됐을 것이다. 그러나 강 팀장은 곧장 '문제'부터 꺼내 들었다. 급했던 거다. 물론 20분 내로 끝내라는 압박감 때문에 급했을 수 있다. 급하니 첫 단추부터 잘못 끼운 것이다. 하지만 명심하자. 멋진 옷도 첫 단추를 잘못 끼우면 각설이 옷이 된다. 급해도 첫 단추를 잘 끼우는 데 전체 시간의 3분의 1 정도를 할애하자.

신뢰 형성의 단계: 사생활 질문의 위험성

물론 한 가지는 조심하자. 근황 질문과 관심 질문이라는 씨앗을 자갈밭에 마구 뿌릴 수는 없다. 신뢰라는 토양을 우선 만들어야 한다. *(이 상사를 믿을 수 있을까?)* 의심하는 부하는, '요즘 늦게 들어가니 가족들이 싫어하지?'라는 사생활 질문에 긴장부터 한다. 그리고 방어한다.

(헉, 이게 무슨 질문이지? 희망퇴직하고 집에서 아기 보라는 말인가? 혹시 내가 애로사항을 말하면 그걸 소문내지나 않을까? 평가에 반영하는 건 아닐까?)

마음 문을 열기는커녕 더욱더 굳게 닫을 수도 있다. 신뢰의 밭갈이부터 노력해야 한다. 즉 자주 대화해야 한다. 친밀도와 신뢰감은 소통의 빈도와 농도에 정비례하기 때문이다. 신뢰 형성을 위해서는 다음과 같은 소통 단계를 거쳐야 한다.[3]

(1단계) 상투적 대화("어떻게 지내?" "날씨 참 좋지요?" "어제 축구 경기 봤어요?") → (2단계) 사실과 약력 정보 교환(자신의 고향, 경력 등) → (3단계) 개인적 태도나 생각 표현(자신이 좋아하는 영화, 가치관, 신념 등) → (4단계) 개인적 감정 표현(요즘 자신의 우울한 사정 설명 등) 그리고 → (5단계) 신뢰의 정점 대화(가정 문제와 같은 개인적인 내밀한 이야기 등).

이 단계론을 적용해보면, 부하와의 신뢰 관계가 어느 정도 발전했는지 파악할 수 있다. 신뢰의 밭을 잘 갈아놓지도 않고 갑자기 사생활 질

---

3 Powell, J. (1990).

문(5단계)을 던질 수는 없다. 우선 취미, 스포츠 등 1단계 '관심 질문'이 낫다. 기억하자. 내가 강제로 상대의 마음 문을 열 수는 없다. 문고리가 밖에 없고 안에 있기 때문이다. 상대가 안에서 자발적으로 문고리를 돌려야 열린다. 마음 문은 쉽게 열리지 않는다. 상사가 먼저 자신의 마음 문을 열어 개방해야, 상대의 문도 열린다. 자신의 사생활은 꽁꽁 감추어놓고 부하에게 마음 문을 열라고 5단계의 사생활을 질문해봤자 경계의 눈초리만 받는다.

몇 년 전의 신문 기사가 기억난다. 20~30대 여성 직장인의 대표적 고민이라고 한다.

"팀장님이 내 개인적 고민을 물어봐요. 알아서 뭐 하려는지 …. 남자친구 없는 게 고민이라고 솔직히 말해야 하나요? 어이가 없네요."

사실 많은 상사가 자신과 부하의 신뢰 관계가 5단계까지 무르익었다고 착각한다. 착각인지 아닌지 어떻게 알 수 있을까? 먼저 슬쩍 자신을 개방해보자. 그리고 관계지향적 질문을 던져보자. 그런데도 상대가 마음 문 열기를 주저한다면 즉각 알아차려야 한다. 착각한 거다. 조심하자. 원칙은 관계지향적인 근황 질문과 관심 질문 우선이다. 그러나 성급한 사생활 질문은 위험하다.

2. '공감거리 끌어내는 질문' 및 '공감 표현' 우선

거듭, 면담은 경청이다. 경청은 '귀'만이 아니라 '가슴'으로도 듣는 것이다. 가장 훌륭한 소통은 교감을 넘어선 심통(心通)이라는 뜻이다. 부하는 머리만이 아니라 가슴으로도 일한다. 상사의 공감능력이 중요한 이유다. 그러니 스스로 공감능력(특히 인지능력)이 떨어진다고 생각하는 상사는 다음과 같이 공감거리 끌어내는 질문을 반드시 기억하고 습관을 들이자. 순서는 다음과 같다.

"요즘 힘들지요?"와 같은 '공감거리 끌어내는 질문'을 우선 던져 → 상대의 어려움, 우울함, 괴로움 등 하소연을 듣고 → 상대의 곤경을 이제 인지하게 됐다면 → 적극적인 '공감을 표현'한다.

부하의 곤경, 고뇌, 스트레스는 잡초다. 잡초가 무성한 밭에서 곡식이 자랄 수 없다. 생산성을 죽인다. 잡초부터 제거해야 한다. 제초제가 필요하다. 바로, 상사의 '공감 표현'이다. 거듭, 부하는 가슴으로 일한다. 그러니 가슴으로 듣고, 가슴으로 말하자.

상사의 공감 표현 대신 문제 풀이 습관

계속되는 강 팀장(지점장 역할)과 김골동의 면담 사례를 보자. 필자가 면담을 지켜보며 평가(아래에서 필자의 파란색 속말)해보았다.

강 팀장이 질문을 시작한다.

사례 18

"김골동 매니저, 요즘 힘들지?" (강 팀장, 훌륭하다. 공감거리를 끌어내는 1단계 질문이다.)

"지점장님, 제가 매일 밤늦게 퇴근하고, 그래서 가정생활도 엉망입니다. 아내는 임신 7개월째로 둘째 애를 가졌는데 남편이 매일 늦게 들어오고, 토요일, 일요일에도 출근한다고 말도 안 하고 퉁퉁 부어 있습니다. 제가 죽고 싶은 심정입니다."

지점장 역할을 맡은 강 팀장이 멈칫거린다. 김골동이 직면한 가정 문제의 해결책을 생각하나 보다. 공감만 표현하면 될 것을 …. 문제 풀이에 돌입한 게다. 역시 남성의 본능이다.

(엥? 어렵네. 근데 내가 남의 가정 문제를 어찌 해결하나?) "아, 그, 그래 …. 김 매니저, 그런데 이 자리에서는 가정생활 이야기는 하지 말자. 지금은 코앞에 닥친 회사의 문제 해결이 시급하잖아? 공과 사는 구분해야지. 그렇지? 그래, 그래, 김 매니저 가정 문제는 스스로 해결해야지 내가 어떻게 해결해주겠니?" *(어뿔싸! 공감능력 부족이 드러난다. 애당초 공감거리를 끌어내는 질문은 도대체 왜 했나? 이해한 후 공감을 표현해주려던 것 아니었나? 자기 손으로 자기 무덤을 파고 있네!)*

그저 공감만 해줬으면 될 것을 …. 아래와 같이 말이다. 다시 한다고 가상해보자.

"아 이런, 힘들겠구나. 아내가 임신했을 때 특히 잘해줘야 하는데 …. 나도 그것 때문에 평생 욕먹고 있거든. 주말에도 가정을 돌보지 못했으니, 김 매니저 심정이 어땠을까?" *(그렇지. 경험에서 우러나온 공감 표현이다.)* "방법이 뭐가 있을까? 미룰 수 있는 업무는 없을까? 함께 우선순위를 판단해보자. 그리고 다른 직원들에게 넘길 수 있는 업무는 없을까?" *(모색형 질문이다.)* "물론 김 매니저만큼 처리하지는 못하겠지만. 김 매니저가 다른 직원들을 교육할 수 있지?" *(능력 칭찬*

이다. 인정감 부여다.)

강 팀장이 위와 같이 반응했다면, 김골동은 스스로 해결 방법을 이야기했을 것이다. 김골동이 해결책을 이미 왜 생각 안 해봤겠는가.

"그렇지. 역시 김 매니저 똑똑해. 대책을 다 생각해놓을 줄 알았어. 훌륭해." *(칭찬이다.)*

다시 면담 현실로 돌아오니, 김골동의 볼멘소리가 장마에 논둑 터지듯 쏟아진다.

"지점장님, 집에 제대로 들어가지 못할 정도로 제 업무가 너무 많습니다. 보통 하루에 다섯 건 정도 새로운 청구가 들어오고 한 달 동안 약 30건을 처리해야 합니다. 현재 600여 건을 쌓아놓고 있습니다. 아르바이트생이라도 지원해달라고 여러 차례 말씀드리지 않았습니까? 이게 뭡니까! 어째서 아무 조치도 안 해줍니까? 지점장님, 너무 하시는 것 아닙니까! 저에게 사표 쓰고 나가라고 하시는 겁니까!" *(그렇지. 김골동, 훌륭하다. 프로그램된 대로 참으로 잘 작동한다.)*

가루는 칠수록 고와지고 말은 할수록 거칠어진다고 했다. 김골동의 하소연이 읍소 형태로 흐르다가, 드디어 그간 쌓인 분노가 용암처럼 뿜어져 나와 시뻘건 꼴통 도발이 되었다. 강 팀장의 두 눈동자가 이리저리 흔들린다. 당황한 기색이다. 감당하기 곤란한가 보다. 대화를 급히 업무 문제로 돌린다.

"김 매니저, 전임자는 별 무리 없이 처리한 업무야! *(아이고, 다른 사람과 능력을 비교하는 평가적 질책이다! 김골동의 어려움을 공감해주는 표현이 절실한데 ….)* 문제의 요점을 좀 잡자. 일이 많으면 급한 일부터 처리해야지, 왜 꼭 접수 순서대로 업무를 처리하냐는 말이다. 융통성 좀 발휘하면 안 되니?"(*판단력 질책이다.*) "항의 전화를 무수히 받은 거 몰라? 그게 일 잘하는 건 아니잖아?"(*질문으로 위장한 힐난이다.*)

즉각 김골동 조교의 반발이 강력한 용수철처럼 튀어나온다. 특수 훈련받은 그대로다.

"지점장님, 어떻게 그렇게 말씀하십니까? 이 세상 높은 자들의 청구는 무조건 급한 일이니, 새치기 시켜줘야 하고, 힘없는 고객들의 순서는 뒤로 확 미루라는 겁니까? 그게 정의입니까? 공정함입니까? 우리 회사가 추구하는 가치가 불의와 불공정이란 말씀입니까? 지금 무슨 지시를 하시는 겁니까! 부하직원이 일에 치여 힘들어하면, 그 해결도 지점장님 책임 아닙니까? 제가 힘들게 일하는 걸 보면서도 어째 그런 말씀을 하십니까!"(*우와, 좀 세다. 너무 심하게 역할에 몰입하는 듯하다.*)

강 팀장이 아쉽게도 질문 기술(공감거리 끌어내는 질문 우선)만 기억했지, 질문의 원칙(마음 문 열기)을 이해하지 못했다. 부하도 스스로 마음 문을 열고 싶어 한다. 간절히 공감을 바란다. 강 팀장은 어째 공감표현의 중요성을 잊었는가? 면담의 기본자세인 인내와 온유도 벌써 잊었는가? 강 팀장이 이렇게 대꾸했으면 어땠을까? 다시 상상이다.

"골동아, 내가 네 나이 때 사실 너만큼 업무 처리는 못 했어."(*아하, 칭찬이다.*) "그렇게 일이 많으니, 얼마나 힘들겠니. 분통 터지지?"(*공감이다. 인내심도 훌륭하다.*) "내가 네 공은 인정한다. 그런데 구조조정 분위기에 아르바이트생 채용이 곤란한 것 알잖아? 어떡하면 되겠니?"*(모색형 질문이다.)* "접수 순서대로 처리해주는 원칙을 지키는 것도 좋지만, 급한 일부터 좀 하자. 내가 솔직히 말할게. 힘센 사람들의 항의 전화는 좀 피해야지 어떡하겠니?"*(유도형 질문이다.)*

'공감거리 끌어내는 질문'과 '나태한 질문'의 차이

한 가지 주의할 게 있다. '공감거리 끌어내는 질문'과 '나태한 질문'은 다르다.[4]

"자네, 요즈음 고민이 뭔가?"

이 질문이 과연 '공감거리 끌어내는 질문'일까? 아니다. '나태한 질문'이다. 구체성이 없다. 부하의 고민을 조금도 생각해보지 않았기 때문이다. 애정은 고사하고 관심조차 없었다. 그러니 물론 관찰도 없었다. 관심도 전혀 주지 않는 상대에게 마음 문을 활짝 열어서 '고백'하는 사람 봤나? 이런 무관심 앞에 부하가 선뜻 속마음을 드러낼 리가 없다. 상사가 물었으니 부하는 마지못해 답할 것이다.

"아, 아닙니다. 없습니다."

대화는 여기서 끝난다. 상사가 공감 표현을 하고 싶어도 할 수가 없다. 상사가 질문을 나태하게 해놓고, '요즘 애들 사회성이 부족하다. 소

---

4 소벨, 앤드류와 파나스, 제럴드(안진환 옮김). (2012). 54-62쪽. 이 책은 절대로 해서는 안 될 질문은 사전 조사 없는 진부한, 상투적인, 나태한 질문들이라고 주장한다. 예를 들어, "요즘 제일 고민되는 문제가 무엇입니까?" "제가 빠뜨린 질문은 뭐가 있죠?" 등이다.

통능력이 떨어진다. 대화를 이어나갈 줄 모른다.'라고 애꿎게 부하 험담만 할 수는 없다. 반드시 면담 전에 잠시라도 생각하자. 어느 정도 관찰도 필요하다. 공감거리 끌어내는 질문과 게으른 질문은 그 효과가 전혀 다르다.

3. '칭찬거리 끌어내는 질문' 및 '칭찬' 우선

위의 '사관생도와 유치원 선생의 비극적 만남' 사례를 다시 꺼내서, 필자가 수강생들에게 질문했다.

사관생도와 유치원 선생의 해피 엔딩

 사례 19

"함께 생각해봅시다. '아가씨, 다음 정류장이 어디죠? 동대문인가요?' 이 질문이 왜 효과적일까요? 몸가짐이 조심스러운 유치원 선생의 입을 여는 데 말입니다."

수강생들이 답을 내놓는다.

"부담 없으니까요. 자존감에 전혀 부담을 주지 않는 질문이니까요."

"부담감만 없으면 조선 시대 양갓집 규수의 입이 '적극적'으로 열리게 될까요? 한 가지 결정적인 요소가 작용했는데. 뭘까요?"

"…"

부담 없다는 점에 더해서, 한 가지 결정타가 있다. 그 사관생도가 '다음이 동대문'이라는 잘못된 정보를 갖고 있다. 그러니 곧 엉뚱한 정류장에 내려서, 안타깝게도 곤경에 빠질 수도 있는 일종의 '위기' 상황이다. '아닌데요. 청량리예요.' 조선 시대의 조신한 여인이라도 입을 열지 않을 수 없다.

"상대의 곤경을 예측하고 도움을 줘야 한다는 여성 특유의 공감능력을 자극한 거네요."

그 후에 '아가씨, 자주 뵙습니다.'라는 근황 질문과 '이 근처에서 일하시나 보네요?'라는 관심 질문이 가능하다. '… 예.'라는 짧은 답변은 분명 나온다. 그다음, 대화를 계속 이어나갈 효과적인 방법은 무엇일까? 조선 시대에 견고하게 제작해놓은 그 여성의 마음 문을 열어야 할 텐데 말이다. 비극을 해피 엔딩으로 역전시키는 소통 전략 모색 질문이다. 수강생들이 다양한 견해를 쏟아놓는다. 가히 '작업 걸기' 세계의 프로들이다.

"아가씨 직업을 제가 맞혀볼까요?"

여자가 쳐다본다.

"패션모델 아니면 영화배우 아닌가요? 혹시 유명한 분 아니세요?"

여자가 피식 웃는다. 됐다. 나도 따라 웃는다. 미러링이다.

"너무 눈부셔서 저도 모르게 따라 탔습니다. 제가 지구 끝까지 따라가려고요. 그러다가 제가 내릴 정류장은 잊어버렸습니다. 어디에서 내리세요? 저, 스토커는 아닙니다. 제가 혹 연쇄살인범처럼 보이나요?"

여자가 또 웃는다. 나도 웃는다.

~~~

"허허, 느끼하고 손발이 오글거리지만, 어쨌든 처음부터 끝까지 칭찬이네요?"

필자가 본질을 요약했다.

"그렇지요. '여인의 마음 문을 여는 최고의 전략은 칭찬'이라고 그 옛날 손자가 말했지요."

한 수강생이 『손자병법』도 거론했다.

나중에 찾아보니, 『손자병법』에 다음 구절이 나온다.[5]

"아군의 진격에 적이 방어할 수 없는 이유는 (아군이) 적의 '약한 곳'을 공격하기 때문이다."

모든 인간은 칭찬에 약하다. 칭찬은 방어할 수 없다. 성문을 열어 젖힐 수밖에 없다. 가슴과 입을 열게 되는 것이다.

후천적 칭찬 불가 증후군

 사례 20

"면담하면서 왜 칭찬을 전혀 안 했나요? 김골동은 자신이 대단히 많은 일을 하고 있다고 생각하는데."

내가 물었다. 지점장 역할을 맡았던 강 팀장이 응답을 머뭇거리자,

---

5   『손자병법』「행군(行軍)편」 '進而不可御者, 沖其虛也. (진이불가어자, 충기허야.)'

몇몇 수강생들이 대신 나서서 답했다.

"그 꼴통! 칭찬할 건더기가 있어야 칭찬을 하지요."

나올 게 나왔다. '칭찬할 것이 있어야 칭찬을 하지요!' 직장 상사들은 십중팔구 늘 이렇게 답변한다. 내가 수강생들에게 '김골동 매니저 사례'를 다시 읽어보자고 권했다. 큼지막한 칭찬 건더기를 하나씩 하나씩 찾아주었다.

(1) '가정생활이 엉망이 될 정도로 매일 늦게까지 일한다.' (2) '심지어 개인카드를 사용하면서까지 고객관리를 한다.' (3) (융통성 없다고 할 수도 있지만) '철저하게 원칙을 지키며 업무를 처리한다.' 세 가지 칭찬거리를 건져주었다. 수강생들이 속으로 중얼거렸다.

(허어, 칭찬거리가 세 개나 되네. 이런 게 왜 내 눈엔 안 들어왔지?)

인간은 밥만 먹고는 못 산다. 타인이 나를 칭찬해주는 등 나를 '인정' 해줘야 사는 맛이 난다. '인정감 갈증'이 참으로 심하다. 인정 한 모금을 얻기 위해 하기 싫은 공부도 하고, 전쟁터에서 목숨 걸고 앞장서 돌격하기도 한다. 그게 인간이다.

그 심한 갈증을 느끼지 않는 인간이 이 지구상에 있을까? 인류 역사 수백만 년을 거치며, 인정감을 전혀 갈구하지 않았던 유별난 유전자는 결코 친사회적·이타적 행동을 하지 않았을 것이다. 사회적 인정을 받기는커녕 배척당했을 터이니, 집단의 제한된 자원을 제대로 배분받을 수 없었음이 분명하다. 그러니 생존이 불가했을 것이다. '지독한 인정감 갈증'이 유전자에 깊이 새겨진 그런 사람만이 살아남았다. 그들이 우리의 조상이다. 인정 욕구는 계속 강화되어 인류의 본능이 되었다.

채워진 욕구는 반드시 반응한다. 자신을 호의적·긍정적으로 평가해준 타인에게 호감을 느끼게 된다. 그리고 '호의'에 보답하게 된다. 사회적 동물인 인간이 인간관계, 즉 타인과의 연결감을 확보하고 유지하려는 본능은 바로 이 인정 욕구를 채워줄 사람이 필요하기 때문이다. '인정감 갈망'을 채워주는 가장 적극적인 행위가 바로 '칭찬'이다. 칭찬? 독자 여러분은 거듭 질문할 것이다. 끊임없이 계속되는 질문이다.

(여기까지 인간의 본능적 욕구는 이해했는데, 아니, 정말로 칭찬거리가 전혀 보이지 않는데 어쩌란 말입니까? 지금까지 잘 살고 있지만, 심지어 저는 결혼 후 수십 년 동안 배우자에게 칭찬 한마디 해본 기억이 없는데요 ….)

애정 문제다. 관심과 관찰의 문제다. 애정이 진하면 곰보도 예쁘게 보인다. 칭찬이 절로 나온다. 그런데 애정은 감정이 아니다. 의지다. (칭찬 역량 강화 훈련은 제3권의 제5장 '말하기 원칙 3: 지지적 피드백 사용 확대'에 나온다.)

자랑을 유도하는 질문

사실 칭찬보다 더 강력한 인정감 부여 방법이 있다. 부하의 '자랑을 실컷 들어주기'다. 입보다 귀 사용이 더 낫다고 앞서 말했다. 고수는 부하에게 자랑을 유도하는 질문을 한다. 귀담아 들어주면 부하의 마음을 얻는다. 士爲知己者死(사위지기자사)라고 했다.[6] '선비는 자신을 알아주는 사람을 위하여 목숨을 바친다.'라는 뜻이다. 상사가 질문을 주고, 귀를 내주고, 고개를 끄떡여주면, 부하는 심지어 목숨을 준다. 면담 실습 중에 만약 강 팀장이 김골동에게 아래와 같은 질문을 던졌다면 어땠을까?

"김 매니저, ○○동 현장 문제에 브로커까지 끼어 있었다니. 내가 몰랐었네. 꿋꿋하게 원칙을 지킨 김 매니저가 자랑스러워. 어떻게 된 거야? 김 매니저가 어떻게 처리했는지 자세히 이야기 좀 해봐요."

자신의 이야기, 더구나 '자신의 자랑'을 상사가 고개를 끄떡이며 경청해주면, 부하는 크나큰 인정감을 느낀다. (거꾸로 부하가 칭찬거리 끌어내는 떡밥을 슬쩍 던질 수도 있다. 상사가 덜컥 물고서 실컷 자기 자랑할 수 있도록 말이다. 이런 자기 자랑을 유도하는 행위도 결코 범죄는 아니다. 인간관계 유지에 큰 도움이 된다.)

자랑 유도 질문의 또 다른 효과는 부하 이해다.

"실적이 대단히 좋네요. 쉽지 않은 상황에서 어떻게 한 거지요?" 들으면서 부하의 업무를 이해한다.

"지금까지 살아오면서 가장 자랑스러웠던 일이 그건가요? 자세히 말해줘 봐요." 인생의 관심 분야도 이해한다.

"와, 승승장구했네요. 앞으로 성취하고 싶은 것이 더 있나요?" 성공 경험과 미래의 꿈을 이해한다.

"그 실패가 자네를 키웠군. 무엇을 배웠나?" 실패 및 고생 경험을 이해한다.

---

6   『사기』의 「예양전(豫讓傳)」에 나오는 말이다.

"아이들이 공부를 잘한다니, 참 부럽네. 어떻게 교육한 거예요?" 성공적인 가정생활 이해다. 이 모두는 부하 이해를 위해 긴요하다.

여기까지 '부하의 가슴 문을 우선 열어야 한다.'는 질문의 원칙을 토의했다. 동원된 질문 기술은 세 가지다. 즉 (1) '근황 질문 및 관심 질문 등 답하기 쉬운 질문 먼저', (2) '공감거리 끌어내는 질문 및 공감 표현 우선' 그리고 (3) '칭찬거리 끌어내는 질문 및 칭찬 우선'이 상대의 가슴 문을 열게 만든다.

자, 됐다. 부하의 가슴 문이 열렸다. 이제 부하의 입을 열어보자. 질문으로 말이다. (4) 긍정형 질문과 (5) 열린 질문이다.

4. 긍정형 질문

부하 육성을 위한 질책이 무조건, 항상, 모두 나쁜 것은 아니다. (사실 고수는 질책 대신 질문으로 부하 스스로 반성하게끔 유도한다.) 하지만 인간 이해를 위한 경청이 목적이라면 가능한 부정적 질문은 피하라는 뜻이다.

꼴통 조교의 수류탄 투척 및 육탄 돌격

사례 21

면담 실습 시 강 팀장은 다행히 '부정적 질문'을 전혀 하지 않았다. 부정적 질문 사례를 아래와 같이 가상적으로 만들어보았다. 평가적 · 심판적 질문이다. 가상이니 극단적이다. 정말로 이렇게 질문하면 큰일난다.

"김골동, 큰일이다. 큰일이라고 생각하지 않니? 오늘 내가 힘센 고객한테 항의 전화를 몇 건 받은 줄 알아? 너는 그 나이에 어째 감정 자제도 못 하니? 큰 문제다. 큰 문제야. 너는 생각도 안 하니? 네 인격을 좀 수신(修身)해야 한다고 생각하지 않아? 그 더러운 성질 좀 고쳐라. 고칠 거야 안 고칠 거야?" (거듭 가상적 사례다.)

여러분은 꼴통 조교가 어떤 특수 훈련을 받았는지 이미 안다. 당연히 꼴통 조교의 기관총 난사, 수류탄 투척 그리고 육탄 돌격이 감행될 수도 있는 상황이다. 이러한 제동 장치가 풀린 질책에 한 가지 장점이 있다면, 상사의 스트레스 해소다. 그러나 감정 통제력은 리더십을 구성하는 중요한 품성 중 하나다. 리더십의 포기다. 엿장수처럼 스트레스 해소와 리더십을 맞바꿔 버렸다. 이제 강 팀장의 태도와 질문을 긍정형으로 바꿔보자.

"김골동 매니저, 자네가 만약 조선 시대에 태어났었다면, 훌륭한 선비가 됐을 거다. 아닌 것은 아니라고 목을 내놓고 강렬하게 주장하던 그런 올곧은 선비들 말이다." (문제의 뒷면도 보았다. 칭찬이다.) "사실 오늘 고객들에게 항의 전화를 많이 받았어." (상황의 서술 묘사다.) "내가 참으로 곤란했다." (자신 입장의 서술 묘사다.) "그 고객 잘못도 있지만, 김 매니저가 요즈음 일이 너무 많아서 좀 짜증 냈던 것 아닐까?" (유도형 질문이다. 반성을 끌어낸다.) "어떻게 풀면 좋겠니?" (모색형 질문이다.)

부정적 질문 → 자괴감과 회피, 억울함과 변명, 반항심과 소통 거부

"자네는 어째서 일을 이렇게 하나?"

이런 질문 아닌 질문인 부정적 질문, 즉 질책에 부하는 다음 셋(▶자괴감과 회피, ▶억울함과 변명, ▶반항심과 소통 거부) 중 하나로 반응한다.

첫째, 자괴감을 느끼고 회피한다. (글쎄, 내가 경험이 부족해선가? 이 일이 나와 안 맞나?) 상사의 공격에 위축된 부하는 자신도 모르게 부정적인 생각을 하게 된다. 자괴감에 짓눌린다. "죄송합니다." 짧은 사과 외에는 할 말이 없다. 얼른 자리를 피한다. 상황 모면이 최선책이다.

둘째, 억울함을 느끼고 변명한다. (어? 이거 왜 이래? 하라는 대로 다 했는데 ….) 억울함이 끓는다. 자존심 방어 본능이 작동하며 변명이 절로 뛰쳐나온다.

질책이 만약 지속적이라면, 셋째, 반항심을 느끼고 소통을 거부한다. (에이 씨, 맨날 왜 나한테 인상 쓰는 거야!) 부하는 솟구치는 반항심을 꿀꺽꿀꺽 삼킨다. 소통을 거부한다. 두 사람 사이에 침묵만 흐른다.

부정적 질문을 계속 받은 부하에게 이성적·긍정적 대답을 기대할 수는 없다. 부하는 방어한다. 마음 문을 닫는다. 부정적 감정의 앙금을 쌓는다. 알게 모르게 갈등이라는 다이너마이트의 심지에 불을 붙이는 꼴이다. 직장 곳곳에서 이런 현상이 쉽사리 나타난다. 부디 심리적 유연성과 인내심을 유지하자.

부정적 질문(= 평가적·심판적 질문=질책) → 긍정형 질문으로

"자넨 왜 항상 지각해? 어째 그러나?"

질문이 부정적이다. (1) 비록 '왜?'로 시작했으나, 결코 근본 이유를 알고 싶어 던진 질문이 아니다. (2) 부하의 태도를 부정하는 말이다. (3) 소통의 벽을 쌓은 셈이다. 그 벽을 넘어 한 '인간'의 내면과 처한 상황(예를 들어, 요즘 집안에 닥친 힘든 상황 등)에 관한 관심은 없다. (4) 잘못을 지적하고 질책했을 뿐이다.

(5) 부정적 질문의 본질은 '너는 틀렸어, 너는 우둔해, 잘못했어!'라는 식으로 평가적이고, 또한 그 평가를 자신의 기준(5분 지각에는 심한 질책!)에 따라 지적하니 심판적(judgmental)이다. 흡사 야구 경기에서 홈으로 슬라이딩한 주자의 코앞에 부릅뜬 두 눈을 들이밀고 온 힘을 다해 '아웃!'을 선언하는 심판과 같다. (동료들 앞에서 창피하게 …. 무슨 억하심정이 있다고 그리 힘차게 '너 아웃!'을 확인해주는가!) (6) *(빨리 피하자. 말이 길어지면 좋아질 일이 없지.)* "아, 예, 조심하겠습니다." 출근 시간이 조금 넘어 사무실에 슬라이딩으로 뛰어들어 온 부하직원은 짧은 토막 답변만 남기고 도망친다.

부하가 입을 열어 말을 해야 '인간 이해'가 가능할 것 아닌가? 질문을 이제 긍정적으로 바꿔보자.

"자, 여기 앉아봐요. 요즘 계속 늦는데, 무슨 문제 있나요? 내가 도와줄 일이 있어요?"

▶위 첫 문장("요즘 계속 늦는데")은 단순히 상황을 서술 묘사했다. 평

가 및 심판의 의미를 전혀 싣지 않았다. ▶두 번째 문장의 질문("무슨 문제 있나요?")은 결코 '부하의 성실성이 문제'라는 편견이 없다. 부하의 내적 문제(능력, 태도, 자질 등)가 아닌 외적 문제(집안 문제, 야근 문제 등)로 생각한다는 우호적 의미를 전달했다. ▶세 번째 문장의 질문("내가 도와줄 일이 있어요?")은 인간을 향한 관심을 나타낸다. 부하 행태를 교정하는 효과는 질책보다 분명 더 낫다.

"왜 보고를 제때 하지 않는 거예요?" → "보고가 늦네요. 무슨 문제 있나요? 나와 상의할 일이 있나요?"

마찬가지다. 인간 이해가 목적인 면담이라면, ▶가능한 부정적 질문을 피하자. 긍정형으로 바꿔보자. ▶입에서 튀어나오는 질책을 인내심으로 막자. 참기 어렵다면 허벅지라도 꼬집자. ▶잘못된 일('나'의 판단에 따르면 잘못이라는 뜻)을 평가하거나 심판하는 대신에 단순히 서술적으로 묘사하자. 부하도 자기 잘못을 이미 알고 있다. 만약 모른다면 유도형 질문으로 깨닫게 해주자. 그리고 ▶인간을 향한 관심을 보이자.

"이 보고서 이 부분이 뭐가 잘못됐는지 알아요? 제대로 좀 고칠 수 없어요? 고치면 조금 나아지겠네요." → "이 보고서 이 부분을 좀 보완해야겠지요? 이렇게 보완하면 더 훌륭하겠네요."

위 원문과 수정안은 무엇이 다를까? '아' 다르고 '어' 다르다. 인간을 마이너스로 보느냐 플러스로 보느냐의 차이다. 원문은 현재 -7의 현상을 고치면 -3이 되리라는 의미다. 매서운 눈을 번뜩이며 희생자를 찾아 날카로운 이빨로 취약한 면을 급습하는 포식자의 행태다. 알게 모르게 습관이 되어버렸다. 부정적인 표현을 이제 긍정형으로 바꿔 말해보자. 위 수정안은 현재 +3이니 이렇게 보완하면 +7이 되겠다는 뜻이다. 즉 비록 보완이 필요하지만, '기본적으로 훌륭하다.'라는 긍정적 평가의 의미를 내포하고 있다.

"어째서 이런 일도 제대로 못 하나?" → "좋은데, 이 부분을 어떻게 보완하면 될까?"

상사가 긍정형으로 묻는다면 부하도 다음과 같이 긍정적으로 대답할 것이다.

"죄송합니다. 보고서 서너 군데에서 논리 전개가 문제라고 생각합니다. 데이터를 좀 더 보완해서 비교 분석하면 논리 흐름이 명확해질 수 있을 겁니다. 다시 해 오겠습니다."

긍정적 사고의 습관

마릴리 애덤스는 『삶을 변화시키는 질문의 기술』이라는 책에서 한 걸음 더 나갔다. 자신에게 던지는 질문도 늘 긍정적이어야 한다고 주장한다.[7] 앞서, 인간의 사고 과정을 단순화하면 '스스로 질문'과 '스스로 답변'으로 구성된다고 했다. 그러니 자신을 향한 긍정형 질문이 긍정적 답변을 끌어내게 되는 것이다.

(왜 나는 제대로 되는 일이 없을까?) 스스로 부정형 질문을 하면, (나는 이 정도밖에 안 돼.) 부정적인 생각만 떠오른다.

---

7 애덤스, 마릴리(정명진 옮김). (2019). 67-121쪽. 저자는 부정형 질문을 심판자 질문, 긍정형 질문을 학습자 질문이라고 이름 붙였다.

(제대로 하려면 내가 뭘 더 배워야 할까?) 질문을 긍정적으로 바꾸면, 차근차근 창의적인 계획이 떠오를 수 있다.

부하에 관한 생각도 마찬가지다.

(아이고, 내 팔자야! 내가 어쩌다가 저런 꼴통을 부하로 갖게 됐지?) 부정적 질문만 줄기차게 떠올리면, 왜 꼴통인지 부하의 단점 분석에서 헤어나지 못하게 된다. 선입견이 공고해진다. 독선과 우월감이 확고해지면서 갈등의 불쏘시개가 된다. 즉 적대감, 증오심 그리고 방어적인 자세라는 가연성 압축가스가 축적된다. 그 독한 가스는 조금씩 새어나와 사무실을 덮는다. 그리고 언젠가는 터지게 마련이다. 긍정적 질문으로 바꿔보자.

(내가 그 부하에게 무엇을 가르쳐야 할까?) (그 친구가 생각하고, 바라는 것이 뭘까?) 질문을 긍정형으로 바꾸면 차근차근 '해결책'을 생각하게 된다. 갈등과 직장 내 괴롭힘의 발화 소지는 사라진다.

부하도 마찬가지다.

(저 상사, 왜 저래? 툭하면 왜 나에게 화를 내지? 혹시 약간 정신병자 아닐까?) 질문을 바꿔보자. (저분이 나에게 화내지 않게 하려면 내가 뭘 어떻게 해야지?) 자신과 타인을 쉽게 심판하지 말자. 인간관계에서 중요한 것은 공감, 이해, 배려, 애정, 소통, 타협 그리고 해결이다. 이쯤에서 독자들은 분명 질문할 것이다. 확인 질문이다.

(아니, 이 글을 쓰는 저자는 다 실천하나?)

필자 역시 주변 사람을 긍정적으로 보려고 부단히 노력 중이다. 참말이다. 끈질기게 노력하고 있다. 무쇠도 갈면 언젠가 바늘 된다는 옛말을 온몸으로 실천하고 있다.

가정에서도 피해야 할 부정적 질문 습관

도타운[8] 가족 관계를 유지하고 싶은가? 자녀에게도 마찬가지다.

"너 숙제 왜 안 해? 네 방으로 빨리 안 가?" 질책 그리고 '너는 TV 앞에서 아웃'이라는 심판으로 들린다. 바꿔보자. "숙제는 다 했지?" 긍정형이다. 정보 모색을 위한 단순한 의문형 질문이다.

"어째 성적이 이러니?" 긍정형 질문으로 바꿔보자. "좋은 성적을 받으려면 무엇을 더 공부해야 할까?"

"그게 가능하다고 생각해?" → "그걸 가능하게 하려면 어떻게 해야 할까?"

긍정형 질문으로 바꾸기 시험 문제

이제 충분히 이해했다. 아래 '부정적 질문을 긍정형으로 바꾸기' 문제를 풀어보자. 즉 질책(평가 및 심판적 질문)을 의문형, 유도형 또는 모색형 질문으로 바꿔보자. 쉽다.

(1) "골동아, 뭐가 잘못된 거야?" ('잘못'이라고 미리 평가해서 단정해버렸다. 법정에서 이렇게 질문하면, '잘못'을 기정사실로 전제 삼은 유도 심문이라고 상대 변호사가 분명 이의 제기한다.)

(2) "골동아, 왜 그렇게 어리숙하게 처리한 거야?" (이 질문도 문제가 있

---

8 (편집자 주) '도탑다'는 '서로의 관계에 사랑이나 인정이 많고 깊다.'라는 뜻의 순우리말.

다. 자, 아래 답을 보지 말고 끝까지 풀어보자.)

(3) "그 사람이 중요한 고객인 줄 알잖아? 왜 쓸데없이 화를 북돋웠
니?" (독자 여러분은 지금 종이에 답을 쓰고 있는가?)

(4) "골동아, 문제가 이렇게 된 것이 누구 탓이라고 생각하니?" (아
니, 내가 독자인데, 책을 읽으면서 왜 내가 시험까지 봐야 하나?
문제 풀이, 지겹다! 그만하자!)

(5) "골동아, 지겹지? 그만할까?" (이 역시 부정적 질문이다.)

다음은 필자가 생각하는 답이다.

(1) "골동아, 뭐가 잘못된 거야?" → "골동아, 무슨 일이 어떻게 일어
난 건지 설명 좀 해볼래?"

(2) "골동아, 왜 그렇게 어리숙하게 처리한 거야?" → "골동아, 그렇
게 처리한 이유가 있니?"

(3) "그 사람이 중요한 고객인데, 왜 쓸데없이 화를 북돋웠니?" →
"그 고객이 화가 잔뜩 났는데, 어떻게 대했더라면 잘되었을까?"
(이렇게 질문해서 '적극적인 소통이 고객 불만의 8할을 해소하는 법'이라는
원칙을 유도할 수 있다.) 또는 "그 고객이 애초 원하던 게 뭘까?"

(4) "골동아, 문제가 이렇게 된 것이 누구 탓이라고 생각하니?" →
"골동아, 그 불만 고객과 네 입장 차가 뭐였을까? 어떻게 타협점
을 찾을 수 있었을까?"

(5) "골동아, 지겹지? 그만할까?" → "골동아, 조금 참자. 문제 다 풀
었다."

모두 긍정형 질문으로 바꿀 수 있다. 거듭, 부정적 평가와 심판이 내포된 질문에 부하의 반응은 다음 셋 중 하나다. 자괴감과 회피, 억울함과 변명, 반항심과 소통 거부. 모두 부정적 감정과 부정적 행동을 초래한다. 긍정형 질문 습관이 중요한 이유다.

5. 열린 질문

닫힌 질문(폐쇄형 질문, closed-ended question)은 '예.(Yes)' 또는 '아니요.(No)'라는 외마디 대답만 끌어낸다. 반면 열린 질문(개방형 질문, open-ended question)은 설명을 요구한다. 이 두 질문의 사용 빈도가 결국 누가 말을 많이 하게 되고 누가 경청하게 되는지를 결정한다.

강 팀장이 면담의 70%를 독점한 이유

사례 22

아래와 같이 안타깝게도 닫힌 질문을 받게 되면 김골동은 부정 또는 긍정의 한마디만 뱉은 후 입을 닫는다. 자연스레 강 팀장이 말을 많이 하게 된다. 지독한 닫힌 질문이다. 들어보자.

"김골동 매니저, 이 ○○동 아파트 하자 처리 문제 말이야. 내 생각에는 입주자들이나 보증채권자의 불만이 더 늘어나기 전에 빨리 해결해야 할 것 같거든. 입주자 중에 힘센 사람들이 많잖아. 알지? 본사에서도 난리 치는 거? 김 매니저도 그리 생각하지? 너도 이 문제 빨리 해결해야 한다고 생각하지?"

"예."

"김골동 매니저, 왜 통 말이 없어? 내가 생각하기에 ○○동 아파트 하자 문제는 입주자 대표회 회장과 부회장, 부녀회 회장과 부회장, 시공업체 AS 팀장 그리고 나와 김 매니저가 언제 자리를 함께해 해결해야 한다고 생각하는데 김 매니저도 해결 방안을 그렇게 생각하지? 다음 주 수요일 오후 3시에 현장 사무실에서 하면 어떨까? 괜찮겠지?"

"예."

~~~~~✿~~~~~

이제 열린 질문으로 바꾸어보자. 5W와 1H를 사용해보자.

"김골동 매니저, ○○동 아파트 하자 문제 어떻게 생각하나? (what)" "불만들이 앞으로 어찌 될 것 같아?(how)" "해결을 어떻게 해야 한다고 생각해?(how)" "언제까지 해결할 수 있을까?(when)" "협조받아야 할 사람이 누구라고 생각해?(who)" "왜 그렇지?(why)"

"김골동 매니저, 그렇지. 네 말대로 타협점을 찾으려면 어떻게 해야지?(how)" "세부 안건은 뭘까?(what)" "누가 참석해야 하나?(who)" "나도 참석하는 것이 좋을까?(who)" "내가 참석하는 게 꼭 좋을까?(why)" "시간은 얼마나 걸릴까?(when)" "언제 하는 게 좋겠어?(when)" "어디서 할까?(where)"

열린 질문은 김골동의 뇌를 자극한다. 생각하도록 강제한다. 경청은 김골동의 입을 열게 만든다. 생각해서 자신의 의견을 말한 김골동은 업무 통제감과 책임 의식을 갖게 된다. 그리고 실행력은 배가 된다.

물론, 닫힌 질문을 절대로 하지 말라는 뜻은 아니다. 확인 질문 그리고 간단한 의문형 질문에 유용하다. "회의 시작이요? 3시인데요." 이렇게 부하의 단답형 응답도 상사가 필요할 때가 있다.

열린 질문의 효과는 부하의 자발성 발휘

직장의 현실을 둘러보자. 상사는 주로 닫힌 질문을 많이 한다.

"그 일이 최우선이에요. 시간 맞출 수 있나요?" "중요한 회의인데, 회의 준비가 다 됐나요?" "업무는 제대로 진행되는 겁니까?"

질문은 거의 업무방향 제시와 확인이다. 확인 질문은 근본적으로 의심을 내포한다. 확인 질문만 거듭하면, (*나를 의심하네.*) 부하는 신뢰받지 못한다는 느낌을 받는다. 상사가 정말로 의심하는지는 중요하지 않다. 부하가 그리 느낀다는 게 중요하다. 부하를 좀스럽게 관리하는 상사로 여기게 된다. 질문을 달리해보자.

"그 일이 최우선이에요. 시간 맞출 수 있나요?" → "그 일, 시간 맞추느라 힘들지요? 내가 뭘 도와줄까요?" (물론 부하도 보고의 적극성 원칙을 지켜야 한다. 적극적인 보고란 상사의 '확인 질문'이 나오기 전의 보고다.[9])

열린 질문은 열린 물음말(누가, 언제, 어디서, 무엇을, 어떻게, 왜)을 사용한다. 주로 유도형 질문 또는 모색형 질문이다. ▶"왜 해야지? 그게 어

9 남충희. (2011). 『일곱 가지 보고의 원칙』(고객지향, 구조적, 두괄식, 미래지향, 건의형, 적극성, 조심성)을 제시했다.

떤 의미가 있을까?" 목적과 가치를 생각하게 만든다. ▶"어떻게 하면 될까?" 창의적 방법 마련을 촉구한다. ▶"예상되는 결과가 뭘까?" 투자 대비 이익을 판단하게 요구한다. ▶"그 문제를 다른 각도에서 생각하면 어떨까?" 생각의 방향 전환을 유도한다. 문제 재정의를 기대할 수 있다. ▶"힘들지? 애로사항이 뭔가?" 부하 이해다. 상사의 공감 표현 기회가 마련된다. ▶"내가 도와줄 일이 뭘까?" 상사가 취할 해결 행동이 분명해진다.

열린 질문에 부하는 긴 서술형 답변을 시작한다. 상사는 경청한다. 거듭, 부하는 스스로 답을 찾았다고 느낀다. 자발성 발휘가 시작된다. 열린 질문의 효과다.

상사는 왜 열린 질문을 못 할까?

 사례 23

수십 년 전 일이 아직도 기억난다. 필자가 어느 광역지자체의 대규모 관광단지 개발사업에 자문위원으로 참석했다. 광역단체장(도지사)의 인사말이 한없이 길었다. 그 지역 해안과 날씨가 천혜의 자연조건을 갖추었다는 내용이었다. 세계적이라고 주장한다. 필자는 고개를 갸우뚱거렸다.

(어? 사실 피지, 발리, 푸켓 등과 비교할 자연조건은 아닌데?)

세계 곳곳에서 관광객을 끌어들일 수 있다고 강조한다.

(콘도와 골프장만 갖고 어떻게 세계적 관광지를 조성할 수가 있지? 뛰어난 자연조건이 없으니 대신 뭔가 창의적 아이디어가 필요할

텐데.)

꼬박 반 시간여 말하더니, 배석한 관광국장을 돌아보았다. 도지사의 유일한 질문이었다.

"내 설명에 덧붙일 말이 있나요?"

"전혀 없습니다. 모두 지당하신 말씀입니다."

관광국장의 답변이었다. 도지사는 자문위원들에게 고견을 내달라고 부탁하더니 회의장을 나갔다. 자문위원들이 돌아가며 짧게 한마디씩 했다. '열심히 잘하면 아주 잘될 겁니다.'라는 식이었다. 회의는 곧 끝났다. 기가 막혔다. 외부 전문가들을 모아놓고 왜 질문하지 않을까?

질문하지 않는 것이 아니다. 아예 질문을 못 하는 것이다. 안목과 통찰력을 보여줘야 한다는 강박관념 때문이다. 열린 자세가 아니었다. 강박관념이 없던 소크라테스는 말했다. '내가 아무것도 모른다는 사실을 나는 안다.' 그래서 열린 질문을 효과적으로 잘했다.

또는 아마도 열린 질문에 익숙하지 않았나 보다. 위 도지사의 단정적인 긴 설명을 짧은 열린 질문으로 바꿔보자.

"세계적인 관광단지의 특성이 뭔가요?" "저희 해안의 자연조건이 세계적으로 어떤 수준일까요?" "세계적인 관광단지를 만들고 싶습니다만, 가능할까요?" "어떻게 하면 될까요?"

상사는 반드시, 언제나, 늘 뛰어난 안목과 통찰력을 보여줘야 하나? 부하들은 이구동성으로 그럴 필요가 전혀 없다고 말한다. 강박관념을 떨쳐버렸을 때 비로소 열린 질문을 할 수 있다.

부하에게 자기 생각, 지시, 잔소리, 질책 등을 길~게 말하기가 어려운 일일까? 아니면 쉬울까? 쉽다. 그러니 계속 그렇게 한다. 나쁜 습관이다. 반면, 짧은 질문 만들기는 사안의 핵심을 잡아야만 가능하다. 어렵다. 익혀야 가능하다. 이제부터 열린 질문하는 좋은 습관을 들이자. '내 의견'을 부하 입에서 나오게끔 유도하는 상사가 고수다. 열린 질문이라는 강력한 휘발유가 부하의 사고력, 창의력, 판단력의 엔진을 힘차게 돌린다. 부하를 신나게 춤추게 한다. 부하 육성이다.

지난 일주일간 부하에게 던졌던 질문을 기억 속에서 세 개만 끄집어 내보자. 열린 질문이 있었나? 이 질문을 필자가 사람들에게 많이 해보았다. 답변 분석은 다음과 같다. 사실 확인을 위한 의문형 질문 외에는 질문이 아예 없거나, 있다면 거의 닫힌 질문일 공산이 크다. ▶강박관념 문제라기보다는 '습관'의 문제가 크다. ▶혹은 성격이 급한 사람이거나, ▶부하와 대화 경험이 부족한 사람이거나, ▶부하 육성에 관심이 없는 사람일지도 모른다.

열린 질문과 닫힌 질문의 조화

열린 질문을 하라니 어떤 상사는 질문을 너무 연다.

"자네는 그 업무를 하면서 자신의 역량을 스스로 어떻게 평가하나?"

(헉, 무슨 역량 말인가? 내가 뭘 잘못했나? 뭐야? 사표 내라는 뜻인가?)

"10년 후에 자네는 어디서 뭘 하고 싶은가?"

(어? 10년 후? 왜 저런 걸 묻지? 질문 의도가 뭐야? 응? 내 능력이

지금 업무와 맞지 않는다는 말인가?)

열린 질문은 종종 질문의 의도가 아리송하게 느껴질 수 있다. 긴장한 부하는 대답보다는 질문의 의도가 무엇인지 먼저 심각하게 생각하게 된다. 문제는, 곧잘 부정적 의도를 먼저 추정하게 된다는 것이다. 부담감을 느낀 부하는 쉽게 답하지 못한다. 그러니 부하에게 공연히 스트레스 줄 필요가 있나? 조금만 닫아놓고 질문하자.

"자네는 그 업무를 하면서 자신의 역량을 스스로 어떻게 평가하나?" → "자네 그 업무를 하면서 배울 점이 뭐라고 느꼈나?" 생각의 범위를 줄였다.

"10년 후에 자네는 어디서 뭘 하고 싶은가?" → "자네 지금 하는 일이 마음에 드나?" 10년 후가 아니라 우선 현재의 업무로 닫았다.

열린 질문은 결코 '무책임한 질문'이 아니다. 즉 모호하고 막연하게 마구 던지는 질문이 아니라는 뜻이다. 어느 방향으로 끌고 갈지 설계하고 질문을 던져야 한다. 열린 질문은, 역설적이게도, 어느 정도는 닫아야 열린다.

이상과 같은 '(4) 긍정형 질문'과 '(5) 열린 질문'이 부하의 입을 열게 만든다. 상사는 경청이 가능해진다. 부하의 사고력, 창의력, 판단력이 꿈틀거린다. 자발성과 추진력이 배가된다.

이제 부하의 머릿속에 깨달음을 넣어주자. 상사의 중요한 임무 중 하나는 부하 육성이고, 이는 면담으로 촉진되니 말이다. 이제 멘토가 되는 질문을 살펴볼 차례다. (6) 객관화 질문과 (7) 확대 질문이다.

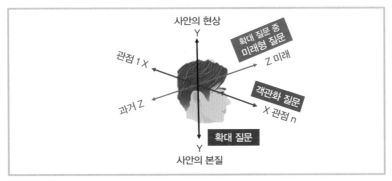

〈그림 6〉 3차원 사고를 촉진하는 질문

〈그림 6〉에서 보듯이 인간의 사고는 3차원이다.[10] ▶(우리의 경영전략, 리더십, 인사관리, 생산관리, 마케팅, 재무관리, 기술관리 측면의 경쟁력은 어떤 상태일까?) 좌우(X축)로 폭넓게 다양한 관점을 갖고 생각해야 한다. **객관화 질문**이 이를 돕는다. 가장 많이 쓰는 객관화 질문은 자신뿐 아니라, 상사, 사장, 고객, 친구, 배우자, 자녀 등 다른 사람들의 시선으로 사안을 바라볼 수 있게 돕는 질문이다. 객관성 유지를 촉구하는 것이다. ▶(신규 사업 실패라는 이 현상의 근본 원인이 혹시 우리의 보신주의 기업문화 아닌가?) 위아래(Y축)로 사안의 현상부터 본질까지 깊게 사고해야 한다. **확대 질문**이 이를 촉진한다.

▶(우리의 과거 성공 요소가 미래의 경영환경 변화에 적합한 것일까?) 앞뒤(Z축)로 과거 분석만이 아니라 먼 미래도 예측해야 한다. 이를 독려하는 것이 확대 질문 중에서 특히 **미래지향형 질문**이다. 객관화 질

---

10 야스오카 마사히로(安岡正篤, 1898~1983)의 명언이다. 일본 역대 총리와 재계 유력인사들에게 제상학, 인생훈을 가르쳐온 동양철학의 대가다. 지난 1983년 작고하며 장서 1만 3,000권을 한국의 단국대학교에 기증하였다.

문부터 차례대로 살펴보자.

6. 객관화 질문

객관화 질문은 부하의 눈앞에 X축을 펼쳐준다. 한 점만이 아니라 다양한 점을 생각할 수 있도록 돕는다. 이 사람 저 사람, 다른 사람들의 관점도 고려하도록 유도한다. 부하가 '객관적 판단'을 내릴 수 있도록 촉구한다. 강 팀장이 진땀 뺀 '김골동 매니저가 초래한 고객 불만 사례' 면담 실습 현장으로 다시 돌아가 보자.

뇌물을 주자는 건의와 응대

 사례 24

김골동 매니저가 미간을 찡그리고 눈을 치켜뜨며 소리쳤다. *(숙달된 조교, 잘하고 있다.)*

"지점장님, 왜 이러십니까! ○○동 아파트 하자 보수 건을 제가 내팽개쳤던 것은 아닙니다. 어렵게 대체해놓은 업체는 자기네도 따라 망하겠다고 꿈적하지 않고 …. 제가 입주자 대표회의 회장을 저녁때 여러 차례 만났었습니다. 제 개인 신용카드를 써가며 술도 샀습니다. 그런데 그 회장, 뭘 바라는 눈초리입니다. 회장 선거하느라고 돈도 많이 썼다고 슬쩍 언급도 하던데요. *(어, 어, 이 꼴통 조교가 …! 이런, 이건 시나리오에 없던 말인데?)* 제 월급이 얼마라고, 제가 무슨 돈을 줄 수 있겠습니까? 못 쳤지요. 그러니까 그 회장이 그 아파트에 사는 높은 사람들에게 항의 전화를 마구 시킨 거지요. 지점장님, 가만히 지켜만 보지 마시고 실탄 조치 좀 해주세요! 어찌 총탄도 안 주고 전쟁터로 내모는 겁니까! *(아이고, 꼴통 조교가 이제 막 나가네!)* 지점장 자리가 뭐하는 자리입니까?"

김골동이 역할에 몰입하다 보니, 정말 '꼴통'이 됐다. 말이 엄청 자극적이다. 조교를 훈련했던 필자의 기대와 상상을 뛰어넘어 버렸다. 뒤통수를 세게 가격당한 강 팀장 역시 역할극인 걸 잊고, 뒷목을 잡고 소리쳐댔다.

"아니, 김골동, 너, 너, 너, 지금 무슨 소리를 그렇게 하나! 뇌물을 주자는 거야? 뇌물을! 너 정신 나갔냐? 그걸 지금 말이라고 하냐!"

사실 김골동이 질책받아 마땅한 말을 했다. 왜 엉뚱하게도 즉흥 대사를 읊어대는가 말이다. 그런데 그 후 김골동의 반응이 어떻게 나올까? 특수 훈련을 받은 숙달된 조교다. 당연히 더 해봐야 이득 못 볼 상황이다. 잽싸게 빠져나온다. 대신, 그동안 쌓였던 다른 불만들을 마구 터뜨린다. 심지어 비난까지 쏟아낸다. 삼 년 전 지점장이 업무용 카드를 개인적으로 오용한 이야기까지 거론한다. 필자가 작성하여 수강생들에게 읽혔던 사례에도 전혀 없던 이야기다. *(아이고, 필자도 모르는 이야기인데? 왜 저런 애드립을 치나!)* 동료 수강생들이 지켜보는 앞에서 맞서서 말싸움할 수는 없고, 강 팀장은 혼쭐이 '쪽' 하고 빠져나간 표정이다.

면담 실습이 끝났다. 내가 강 팀장에게 질문했다.

"김골동이 뇌물 주자고 제안했었죠. 만약 강 팀장이 면담 실습을 다시 한다면, 어떻게 대응하겠어요? 감정은 통제한다고 치고."

"… 저, 절대 다시 하고 싶지 않은데요. 저 친구 진짜 꼴통이에요."

수강생들에게 물었다.

"귀싸대기를 후려쳐야 합니다.""나 돈 없다고 잡아떼야지요.""네가 쇠창살 붙잡고 있으면 내가 사식은 좀 넣어줄게."

좋은 대응은 폭행, 질책, 거부 그리고 회피가 결코 아니다. 바로 '질문'이다. 다음처럼 물었다면 어땠을까?

"김골동 매니저, 그렇게 해서, 만약 그게 신문이나 방송에 난다면, 우리 회사는 어떻게 될까?"

객관화 질문이다. 다른 사람의 객관적 시선 또는 다양한 측면을 고려하게끔 강제하는 질문이다. 부하가 '상황'이라는 함정 속에 빠져서 허우적거리며 앞뒤를 가리지 못하고 제대로 판단 못 할 때, 아래로 던져 끌어내 주는 밧줄 같은 질문이다. 상황에서 빠져나와 멀리서 객관적 시선으로 사안을 보게끔 촉구한다. 객관화 질문의 다양한 형태를 다음에서 살펴보자.

깨달음을 건네주는 객관화 질문

창업하는 사람 또는 신규사업을 기획하는 부하는 흔히 '장미 정원(rose garden) 증후군'에 빠지기 쉽다. *(이 사업은 무조건 성공하게 돼 있어!)* 물론 이런 긍정적 사고 없이 추진력 발휘는 힘들다. 그럼에도 불구하고 희망적 사고가 너무 심하면 곤란하다. 이런 사람에게 다음과 같은 객관화 질문이 도움이 된다.

"네가 만약 '투자자'라면 이 사업에서 어떤 리스크를 떠올릴 수 있을까?"[11]

사고를 꽉 옮아맨 족쇄를 벗겨준다. 훌륭한 객관화 질문이다. 멘토는 이렇듯 멘티를 갇혀 있는 상자 밖으로 벗어나서 다양한 측면을 생각할 수 있게끔 질문으로 도와주는 사람이다.

(저 죽일 놈들!) 붉으락푸르락 화가 머리 끝까지 치밀어오른 사람을 보았다고 하자. 적절한 공감 표현 후에, 이렇게 질문해보면 어떨까? "만약 처지가 바뀐다면 자네는 어떻게 생각할까?" 객관화 질문이다. 타인의 시선과 판단기준을 빌려준다. 처지를 바꾸어서 생각해본다는 역지사지(易地思之)다.

신규 상품을 만드는 기술자는 시장의 요구(market-pull forces)를 간과하고 연구실에 들어앉아 기술(technology-push forces)만 들여다볼 소지가 크다. (최첨단 기술로 만든 이 신상품을 사지 않으면 고객이 바보지!) 다음과 같은 객관화 질문이 도움 된다. "자네가 만약 소비자라면, 진정 원하는 것이 뭘까?" 주관에서 객관으로 관점을 바꿔보도록 돕는

---

11 한 가지 조심하자. "투자자는 이 사업에 대해 어떤 리스크를 생각할까?" 이건 해서는 안 될 퀴즈형 질문이다. 까탈스러운 투자자의 생각을 만약 정확히 맞추지 못한다면 '삑~' 소리와 함께 X자가 눈 앞에 뜬다. 평가하겠다는 질문이다. 대신 "네가 만약 투자자라면 너는 이 사업에 대해 어떤 리스크를 생각할 수 있을까" 이 질문은 '만약'이라는 단어를 썼다. 순화했다. '투자자'의 생각을 알아맞히라는 평가 문제가 절대 아니다. 부하 개인의 생각을 물었다. 처지를 바꿔 '네'가 '투자자'라면 말이다. 미묘한 차이지만 느낌은 크게 다르다.

다. 내가 아닌 고객의 낯선 시각으로 사안을 볼 수 있게끔 유도한다.

뭔가 크게 실패한 사람에게 위로와 함께 객관화 질문을 할 수도 있다. "힘들지? 그런데 그 역경 속에서 배우는 게 있겠지? 뭘까?" 사안의 양면성(또는 복잡성)을 인식하게 해준다.

"네가 고객 처지에 서본다면, 너는 고객으로서 무슨 생각을 할까?" 자신의 사고 틀 안에 갇혀 끙끙거리는 상황에서 빠져나올 수 있도록 돕는 질문이다. 멀찍이 떨어져서 사안을 객관적으로 관조하도록 촉구하는 질문이다. 빠져나온 그 거리를 '정신적 여유'라고 부른다. 거리가 멀수록 정신적 여유는 커진다. 더 넓게 볼 수 있다. 부하가 여유를 찾도록 돕는 질문이 객관화 질문이다.

손가락을 자신에게 돌리지 않고, 습관적으로 밖으로 돌리는 부하는 늘 불평불만이다. 늘 환경 탓, 남 탓을 한다. "김골동 매니저, 우리 회사가 추구하는 가치가 고객 만족이잖니? 네가 어떻게 해야 하니?" 거꾸로 손가락을 자신에게 돌리게끔 돕는 질문도 객관화 질문이다. '시선 전환'이라는 특징 때문이다. 부하가 자신을 타인의 시선으로 보게끔 만든다.

"이 사안이 언론에 보도되면 우리 회사에 몰아칠 사회적 비판의 강도는 어느 정도일까?" "네가 만약 그렇게 한다면 네 부모님은 어떻게 생각할까?" 객관화 질문은 깨달음을 촉구한다. 주로 조직 또는 개인의 비전, 목적, 목표, 추구 가치, 품격, 습관에 관한 질문이기 때문이다.

"자네가 만약 사장님이라면 자네는 이 사업을 어떻게 생각할까? 무엇을 궁금해할까?" 객관화 질문은 성장을 독려한다. 미래의 사장감으로 육성하는 질문이다.

7. 확대 질문

경영학의 거두 피터 드러커는 경영자에게 다음 다섯 가지 질문을 던졌다.[12] ▶(1) Missions: 조직의 사명이 무엇인가? 즉 존재 목적과 이유가 무엇인가? ▶(2) Customers: 고객이 누구인가? ▶(3) Customer Value: 고객이 원하는 가치는 무엇인가? 즉 고객은 어떤 가치를 중요하게 생각하는가? ▶(4) Results: 결과는 무엇인가? ▶(5) Plan: 조직의 목표, 실행 방법 등 계획은 무엇인가? 즉 앞으로 무엇을 어떻게 할 것인가?

이 질문은 개인에게도 적용할 수 있다. ▶(1) Missions: 개인적 사명 선언문의 내용은? 나는 누구인가? 내가 가장 고귀하게 여기는 가치는? 인생 목표는? 내 인생의 목적은? 나는 주변 사람들을 어떻게 대해야 하는가? ▶(2) Customers: 나와 함께 시간을 보내고 싶은 사람들을 분류

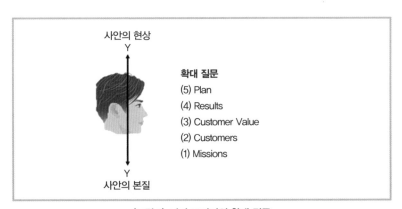

〈그림 7〉 피터 드러커의 확대 질문

---

12 드러커, 피터 외(유정식 옮김). (2017). 이 책의 원제는 다음과 같다. *The Five Most Important Questions You Will Ever Ask About Your Organization*.

한다면? ▶(3) Customer Value: 그 사람들이 나에게서 무엇을 중요하게 여기는가? 우선순위는? ▶(4) Results: 그 사람들은 내가 죽는 날 모여서, 나를 어떤 성취를 이룩한 어떠한 사람으로 기억할 것인가? ▶(5) Plan: 그래서 어떤 계획을 갖고 살 것인가? 단기적 · 중장기적 실천 방안은 무엇인가? 헉! 이 순간, 독자 여러분이 놀라는 소리가 들린다.

(아니, 이런 질문에 어찌 답을 하란 말인가!)

통상 떠올리지 않던 질문들이다. 정신이 번쩍 난다. 근본적인 사고를 촉구하는 질문이다. ▶앞서 논의한 객관화 질문은 상황에서 멀리 떨어져 좌우(X축)로 (나, 고객, 사장, 부모, 언론 등) 관점의 폭을 넓히며 다양한 처지에서 생각해보기를 촉구했다. ▶여기에 덧붙여, 지금 논하는 확대 질문은 위아래(Y축)로 사안의 현상부터 본질까지 생각을 한없이 깊게 끌고 들어가도록 유도한다. 확대 질문의 목적은 '본질의 깨달음'이다. 강 팀장의 면담 실습으로 돌아가 보자.

왜(why)? 어떻게(how)?

 사례 25

강 팀장이 각종 질문 기술을 확실히 익힌 듯하다.

"골동이 네가 고객 만족을 매일같이 주창하는 사장님이라면, 너는 이 아파트 하자 사안을 어느 정도 심각하게 생각하겠니?" *(잘한다. X축의 객관화 질문이 나왔다.)*

"…"

"골동아, 고객 불만이 큰 곳을 먼저 처리해주면 좋지 않을까?"(고객 입장에 선 객관화 질문이다. 사실 약간 정답을 내비치며 동의를 구하는 유도 심문 같기도 하다.)

"그렇지만 신청 들어온 순서대로 해야 원칙 아닌가요?"

"맞는 말이지. 그런데 왜 그래야 할까?"(업무 추진 방법에 관한 확대 질문이다. Y축 밑으로 깊이 들어갔다. 상대가 '과정'을 말하자 그 바탕에 깔린 '의도'를 질문했다. 물론 열린 질문이기도 하다.)

"늦은 순서를 먼저 처리해주면 어떡합니까? 먼저 신청한 사람들이 불만을 터트릴 텐데요."

"여태 그런 경우가 있었나?"(과거 사례에 관한 질문이다. 후에 논의할 미래지향형 질문(확대 질문 중 하나)의 토대를 마련했다.)

"아직은 없었지만 …. 힘센 양반들 불만이라고, 우리가 호들갑 떨어야 합니까?"

"그 아파트 하자 문제가 좀 크지? 어떤 상태야?"(문제 재정의를 요구하는 유도형 질문이다. 열린 질문이다.)

"마무리를 소홀하게 해놓고 그냥 부도를 내고 튀어서 …. 물이 잘 안 나오고, 벽지가 떨어지고, 문짝이 좀 안 맞고 …."

"문제의 본질이 뭘까? 불만의 크기와 시급성인가? 항의의 힘 세기가 문제인가?"(X축 좌우로 관점을 넓혀 보자는 객관화 질문이다.)

"글쎄요. … 힘센 놈들이 사장실로 전화해대니까 기분이 좀 더럽네요."

"병원의 응급실에서는 환자를 접수 순서대로 치료하나?"(회사의 존재 목적과 실천 방안에 관한 확대 질문이 시작되었다.)

"물론 급한 환자를 먼저 처리하긴 하지요."

"그 급한 환자가, 기분이 좀 더러운 살인범이라면 어떻게 하나?"
(어? 정답을 맞히라는 퀴즈형 질문이다. 차라리 '그렇지. 그 환자가 설령 살인범이더라도 그렇게 급한 환자를 먼저 치료해야겠지.'라고 서술형으로 동감해주는 것이 더 낫겠다.)

"물론, … 나중에 죽일 땐 죽이더라도, 상태가 위급하면 먼저 치료하겠지요."

"병원 의사들은 왜 그럴까?" *(아쉽게도 퀴즈형 질문을 거듭했다.)*

"… 글쎄요. 응급실에서 죽어 나가는 사람을 가능한 줄이려는 거지요."

"그렇지. 병원으로서는 사망자 총량 감소도 달성해야 할 목표 중 하나겠지. 생명은 소중한 가치이니까. 그럼 우리 서비스가 제공하는 가치가 뭘까?" *(고객이 원하는 가치를 질문했다. Y축의 확대 질문이다.)*

"우리가 보증을 서줬던 업체가 부도 나면 빨리 대체 업체를 구하고, … 결국 고객 만족이지요."

"그렇지. 맞아. 그런데 고객 만족을 어떻게 해야 하니?" *(목표와 실천 방안에 관한 질문이다. 깊이 들어가는 확대 질문이다. 상대가 '결과'를 말하자 그 밑바닥의 '과정'을 물었다.)*

"고객이 불만을 품지 않도록 해야지요."

"그렇지. 고객 불만의 총량을 줄이면 되는 것 아닐까?" *(김골동 매니저가 만들어낼 궁극적인 결과를 재정의했다. 확인 질문이다.)*

"…."

X축의 객관화 질문은 나무 하나가 아니라 숲을 보게끔 안내한다. 넓은 사고를 촉구한다. 한편, Y축의 확대 질문은 문제의 본질을 재정의하게 만든다. 흙을 파서 나무뿌리까지 살펴보려는 게다.

참고로 한 가지만 짚고 넘어가자. 위 사례에서, 강 팀장은 답을 정해놓고 몰아가는 듯한 퀴즈형 질문을 몇 차례 던졌다. 하고 싶은 말을 죄다 질문으로 바꾸라는 교육 목적의 강요(?) 때문이었다. 현실에서 그럴 필요는 없다. 동의하고 설명하는 등 서술형 문장 활용도 꼭 나쁜 것은 아니다.

확대 질문, 본질을 모색하는 "왜?"

여러분이 잘 아는 유명한 이야기다. 성당 건설 현장에서 끌과 망치로 돌을 다듬는 석공들에게 물어봤다.

"지금 무슨 일을 하고 있나요?"

왜, 어떤 목적과 어떤 가치 창출을 위해 일하고 있느냐는 질문이다.

"보면 몰라요? 밥벌이하는 중이잖소." 첫 번째 석공의 답이다.

두 번째 석공이 답했다. "예술품을 만들고 있지요." 머릿속에 아름다운 '결과'를 그리고 있다.

세 번째 석공의 대답은 좀 달랐다. "신께 영광을 돌리고 있지요." 가슴속에 고귀한 '가치'를 품고 있다.

내가 왜 이 일을 하는가? 진정한 이유와 의미를 찾게 되면 당연히 열정과 의욕이 샘솟는다. "왜?"를 묻는 확대 질문이 본질을 찾게 만든다. 목적의식과 자긍심을 회복시킨다. "왜?"를 깨닫게 되면 창의력과 도전

의지가 유발된다. 헌신이 나타난다. 확대 질문이 만들어내는 크나큰 가치다.

질문 컨설팅이라는 새로운 영역을 개척한 카와다 신세이는 『질문력』이라는 책에서 토요타 자동차의 조 후지오 회장을 높이 평가한다. 확대 질문의 중요성을 현장에서 실천한 대표적 인물이다.[13] 끝없이 질문을 이어가며 답변을 찾았다. 그 과정에서 토요타를 세계적인 기업으로 성장시켰다. 현장의 직원에게도 "자네는 왜 이 일을 하고 있나?"라고 물어보았다. 만약 여러분 직장의 직원들이 다섯 번 연속되는 '왜?'라는 질문에 대답할 수 있다면, 여러분은 훌륭한 회사에 다니고 있음이 분명하다.

Y축의 확대 질문의 방법

"자네는 무슨 일을 하고 싶어서 회사에 다니나?" 처음부터 '지나치게 깊은 질문'을 던졌다.

(헉, 무슨 의도지? 설마, 사직서 내라는 건 아니겠지 ….) 답하기 어렵다.

"그동안 자네 업무 중에서 흥미를 느꼈던 것이 무엇인가?" 얕게 들어갔다. 이렇게 질문하면 답하기 쉽다. 본질을 향해 더 깊이 들어갈 수 있는 다음과 같은 후속 질문의 발판이 마련된다. "그 업무가 왜 흥미가

---

13 카와다 신세이(한은미 옮김). (2017). 21쪽.

있었나?" "전문성을 그쪽에서 찾고 싶은 건가?" "다음에도 유사한 업무를 한다면 어떻게 다르게 하고 싶나? 업무 혁신도 할 수 있겠네?"

질문을 확대하는 것이다. 사실 아래로 깊이 들어가며 좌우로도 넓게 펼친다. **추가 질문**("유사한 사례가 있을까요?"), **파생 질문**("방금 거론한 별도의 그 문제점은 어찌 해결할 수 있을까요?"), **확인 질문**("과거 그런 사례가 없었지요? 맞지요?"), **요약 질문**("근본 문제는 처리 순서이지요?")뿐만 아니라. **유도형 질문, 객관화 질문** 등을 모두 동원한다. (독자 여러분께 미안하다. 쉽게 할 수 있는 일이 아니건만, 자꾸 해보라고 강요해서. 부디 연습하자.) 모든 질문이 그렇듯이 '만약(if)'을 활용한 확대 질문은 한없는 상상력을 자극할 수 있다.

"만약 10년 이내에 자율주행 자동차가 실용화된다면 우리는 어떤 신규 사업을 시도할 수 있을까?"

확대 질문은 Y축을 따라서 위아래로 깊이 올라가고 내려가는 질문이다. 위 사례에서 강 팀장처럼 김골동이 '결과, (4) Results(고객 만족 극대화)'를 말하면 그 밑바탕의 '존재 목적, (1) Missions(우리 회사 미션과 일치하나?)'을 질문한다. 또한, 그 위의 '과정, (5) Plan(어떻게?)'을 묻는다. 김골동이 '과정, (5) Plan(신청 순서대로 처리)'을 말하면 그 밑의 '결과, (4) Results(고객 만족 여부)'를 질문한다. 또한, 그 옆으로 펼쳐서 '의도(왜?)'를 묻는다. 상대가 '가치 창출 결과, (4) Results(이익 창출)'를 말하면 '누구 입장의 가치, (3) Customer Value(고객의 만족?)'인가 묻는다. 그것이 '(1) Missions(우리의 존재 목적)와 일치하는가.'라고 질문을 확대한다.

사실 피터 드러커가 말한 다섯 가지 질문은 위아래 없이 모두 연결되어 있다. 존재 목적, 고객, 가치, 결과 그리고 과정상 방법, 의도, 계획 등. 모든 것이 위이고 모든 것이 아래다. 계속 확대하면 된다.

지시, 명령, 강요를 대신한 확대 질문의 효과

관계유지 측면에서 면담의 주된 목적이 무엇일까? (업무추진 측면에서 목표설정, 사안의 문제점 해결, 그리고 평가를 제외하고 말이다.) 앞에서 너무 말해, 이쯤 되면 지겨울 법도 하다. 부하 이해, 소극성 · 타율성 · 불안감 등 심리 치유, 개인적 애로사항 해결, 그리고 육성 및 성장 도움이다. 부하직원이 ▶자신의 힘으로 ▶새로운 깨달음을 찾아 ▶동기가 유발되어 자율적으로 ▶성장하게끔 돕는 과정이다. ▶면담 결과는 상호 이해, 해결책 도출 그리고 신뢰 형성이다.

"뭐가 중요한지 파악 좀 해라. 우선순위를 잡고 일하란 말이야!" "고객 불만 좀 줄여라!" "자네, 부하들에게 화 좀 내지 마라!"

지시, 명령, 강요, 질책 그리고 모욕은 권력의 불균형을 내포한다. '위압적인 소통 방법'이다. 자칫 불만이나 반발을 초래할 수 있다. 강제된 타율성은 아쉽게도 깨달음, 의욕 그리고 업무 헌신을 반감시키는 법이다. 반면 질문은 '평등한 소통 방법'이다. 위의 호통을 질문으로 바꿔보자.

"뭐가 중요한지 파악 좀 해라. 우선순위를 잡고 일하란 말이야!" → "일이 많지? 우선순위를 어떻게 잡았나?"

"고객 불만 좀 줄여라!" → "요즘 고객들이 느끼는 불만이 뭘까?" "그 불만을 어떻게 해결할 수 있을까?"

"자네, 부하들에게 화 좀 내지 마라!" → "자네, 부하들과 무슨 일이 있었나?"

그런 후 확대 질문이 뒤따른다. 답하는 부하는 자율적 존재가 된다. 각성과 실천 의지는 달라진다.

데일 카네기의 통찰을 음미해보자. '인간은 자존심 덩어리다. 남의 말을 따르기는 싫어하지만, 자신이 결정한 것은 기꺼이 따른다. 그러므로 남을 움직이려면 명령하지 마라. 스스로 생각하게 하라.' 명령보다 질문이 훨씬 낫다. 확대 질문은 큰 깨우침을 유도한다.

평생 생각하게 만든 확대 질문

 사례 26

오래전 내가 박사학위 논문 쓸 때다. 수년간 다섯 명의 논문 지도교수들이 나에게 줄기차게 질문을 해댔다. 아니, 질문이 아니었다. 내 머리에 전극을 꽂아놓고 자행하는 잔혹한 고문(?)이었다. "논리가 왜 이렇게 건너뛰나?" "이 주장의 근거가 뭔가?" "이런 주장도 있는데, 이건 왜 참고하지 않았나?" 당연히 업무(논문 작성)에 관한 질문이 주를 이뤘다. 어느 날 경제학과 로젠버그(Rosenberg) 교수가 먼 나라에서 온 유학생을 황송하게도 교수 식당으로 점심 초대했다. 또 질문이다.

"박사 공부 왜 하나?"

"…"

"무엇을 배우고 싶어?"

"생각하는 힘입니다." 그 교수가 늘 강조하던 말이다.

"왜? 그걸로 뭐 하려고?" 확대 질문이다.

"…."

필자는 그때 못한 답변을 지금까지도 생각하고 있다. 지난 수십여 년 동안 머릿속을 떠나지 않는, 아마도 평생 생각하게 될 사회의식에 관한, 인간의 의무에 관한 확대질문이다.

부하 성장을 위한 확대 질문

"그 친구 '또라이'예요. 도저히 개선의 여지가 없어요."

상사의 이러한 인식이 굳어지면 결과는 자명하다. 갈등이다. 부하는 사람멀미를 앓게 된다. 갈등이 증폭되면서 사람멀미가 터질 듯 무르익으면, 이제 다른 이름으로 불리게 된다. 직장 내 괴롭힘이다. 부하의 마음 문을 열어봤는가? 아니다. 마음 문은 부하가 스스로 여는 것이다. 자물쇠가 마음 문 안쪽에 있기 때문이다. 질문을 다시 하자. 부하가 마음 문을 열 수 있도록 도와줬는가? 공감과 칭찬을 건네보았나?

"공감이나 칭찬을 줄 건더기가 없어요. 아, 사실 이런 변명은 애정, 관심, 관찰 부족이지요. 제가 인지능력이 좀 떨어지고 심리적 유연성이 부족하긴 해요."

그렇다면 얼굴을 맞댄 면담을 해봤는가?

"흠, 면담요? 업무상 대화는 자주 하지요."

좋다. 면담=질문+경청이다. 질문해보았는가? 통상 다음과 같은 질문이 주를 이루었을 것이다.

▶"보고서 잘 되고 있나?" 형태는 '의문형 질문'이다. 목적은 업무 '과정' 및 '결과'를 확인하기 위한 질문이다. 상사들이 압도적으로 많이 던지는 '확인 질문'이다.

아쉽게도 부하의 속을 들여다보고 이해할 생각은 잘 못 하는 실정이다.

▶"정말로 하고 싶은 일이 뭐예요?" 인간 이해를 위한 유도형 질문, 모색형 질문은 드물다.

▶"어떤 전문성을 키우고 싶어요? 왜?" 부하의 가치 향상, 즉 육성을 위해 던지는 확대 질문은 절대량이 부족하다.

비록 하루하루 업무에 치여 인생을 단순히 습관처럼 살아가지만, 부하도 인간이다. 성장 욕구를 자극하는 상사의 질문에 부하는 즉답을 못할지도 모른다. 하지만 고맙게 생각할 것이다. 분명, 향후 수십여 년 동안 그 확대 질문을 달고 다니며 답을 모색할 것이다. 평생 생각하게 될 '왜?'라는 질문이다. 자신을 이해하고 인정해주고 육성하려는 상사를 향한 태도가 바뀐다. 업무 자세도 달라진다. 부하 육성은 사실 상사의 의무다. 부하 이해와 인간적 관계 유지 또한 상사의 책임이다. 확대 질문을 익히자.

확대 질문 중 미래지향형 질문

"10년 후 정말로 하고 싶은 일이 뭐예요?"

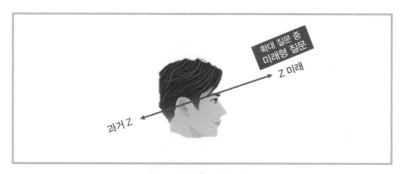

〈그림 8〉 미래지향형 질문

확대 질문에는 미래지향성을 빼놓을 수 없다. ▶앞서 살펴본 객관화 질문은 좌우(X축)에 걸쳐 다양한 관점을 생각하게 돕는 질문이다. ▶한편 확대 질문은 사안의 현상부터 본질까지 위아래(Y축)로 파고들며 깊은 사고를 촉진하는 질문이다. ▶확대 질문 중에서 미래지향형 질문은 과거만이 아니라 가까운 미래에서 먼 미래까지 앞뒤(Z축)를 내다보게끔 독려하는 것이다.

"자네가 그것이 실패라고 생각한다면, 그 실패에서 얻은 교훈은 뭘까?" 과거 분석을 촉구하는 질문이다. 우리 모두 안다. 과거의 역사를 공부하는 이유는 미래를 내다보기 위해서다. 역사학뿐만이 아니다. 경제학, 경영학 등 거의 모든 학문이 그렇다. 과거와 현재의 사례에서 뽑은 세상의 작동 이론으로 가득 차 있다. 즉 과거와 미래는 어느 정도 연결되어 있다. 이 책에서 과거를 분석하라는 질문까지 '미래지향형 질문'이라고 이름 붙인 이유다.

"자네 보고가 사장의 머릿속에 남길 것이 뭘까?" 보고 내용에 관한 잔소리가 아니다. 가까운 미래 결과를 예측해보라는 질문이다. 보고의 근본 목적을 다시 생각하도록 촉구하는 확대 질문이다. 만약 보고 후에도 다음과 같이 비슷한 질문을 한다면 이는 시간이 지났으니 과거형 질문이다. 그러나 이 역시 미래를 위한 질문이다.

"그래, 보고 후에 무엇을 느꼈나요? 앞으로 무엇을 보완해야 할까요?"

거듭, 과거 분석은 필요하고 중요하다. 하지만 조심하자. "김골동 매니저는 과연 무엇을 잘못했다고 생각하나?" 이는 평가형 질문이다. (드디어 올 게 왔구나!) 부하를 긴장시킨다. (그저 깨지기만 할 수는 없는데 ….) 방어 본능을 자극한다. 이런 식으로 과거에만 매달려 집요하게 질문하면 질책이 된다. (그래, 한번 붙어보자는 거지!) 변명과 반발심만 유발한다. 질책성의 '평가형' 질문은, 설령 그것이 미래지향 형태의 질문이더라도, 목적이 썩 좋은 질문이 아니다. 대신 "김골동 매니저는 무엇을 배웠나요?"라는 비(非)평가적 질문을 던져보자. 부하를 성장시킨다. 경험에서 배움을 촉구하는 미래지향형 질문에는 반발심이나 저항이 끼어들 여지가 없다.

Y축 확대 질문과 Z축 미래지향형 질문의 위험성

물론 '왜?'를 반복하면 문제의 핵심으로 깊이 들어갈 수 있다. 그렇기는 해도 일본의 유명 저술가인 다나하라 마코토는 '왜?'라는 질문 남발을 조심하라고 권고한다.[14] 예를 들어 배우자 이야기를 들으면서 "왜?"

---

14 다나하라 마코토(노경아 옮김). (2014). 26-29쪽.

"또 왜?" 등 다섯 번만 반복해보자. "지금 뭐하는 거예요! 당신이 형사예요?" 계속되는 추궁에 배우자의 감정은 결국 폭발할 것이다.

그러니 가끔 '왜(why)'보다는 '무엇(what)' 또는 '어떻게(how)'로 바꾼 질문도 유용하다. "왜(why) 그렇게 화가 났어요?"보다는 "뭐(what)가 마음에 안 들어요?"라는 질문이 낫다. 왜(why)에 대한 이유를 논리적으로 구성하느라 스트레스받지 않아도 되기에 답변이 더 쉽다. 그저 무엇(what)을 서술적으로 묘사하면 되니 말이다. 기억하자. why에 대한 답변보다 what에 대한 답변이 훨씬 쉽다.

"저 사람 왜 울어?" "저건 뭐 하는 거야?" "왜 그래?"

확대 질문은 어린아이들이 많이 던진다. 진정 자신이 몰라서 묻는 '의문형 질문'이다. 그렇지만 직장 상사의 '확대 질문'이 순수한 '의문형 질문'이라면 곤란하다. 상사가 핵심을 알기에 묻는 '유도형 질문', 적어도 서로 모르기에 던지는 '모색형 질문'이어야 한다. 부하가 말이 막히면 사고의 길을 추가 질문으로 터줘야 하지 않겠는가. 결국, 상사가 공부를 많이 해야 한다. 상사의 풍부한 지식과 경험만이 훌륭한 '확대 질문'을 만들 수 있다.

여기까지 '세 가지 질문의 원칙'에 어울리는 '일곱 가지 질문의 기술'을 학습했다. 눈을 들어 하늘을 보자. 무지개 색깔은 딱 일곱 가지다. 그 일곱 가지를 기반으로 미켈란젤로는 수많은 명화를 남겼다. 귀를 기울여 옆 사람의 흥얼거리는 노래를 들어보자. 도레미 음계는 오직 일곱 가지다. 그 일곱 가지를 가지고 베토벤이 무엇을 했는지 우리는 익히 안다. 위대한 음악을 남겼다.[15] 이제 입을 벌려 질문을 해보자. 일곱 가지 질문의 기술을 가지고 나 자신을, 자녀를, 부하를, 조직을 그리고 세상을 바꿀 차례다.

---

15 Holtz, Lou. (2017). 미식 축구 코치의 영웅이라 불리는 루 홀츠의 비유다.

□ 내용을 요약한 그림을 다시 참조하자.

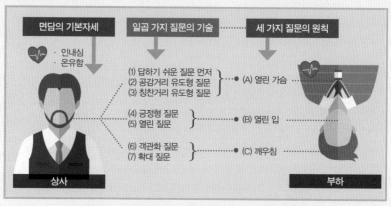

〈그림9〉 세 가지 질문의 원칙과 일곱 가지 질문의 기술

□ 첫째 원칙: 마음이 통해야 한다. (A) 부하가 가슴을 열게 만들어야 한다는 대원칙이다.

- (1) 답하기 쉬운 질문을 먼저 하자.
- (2) 공감거리를 끌어내는 유도형 질문 후에 공감을 표현하자.
- (3) 칭찬거리를 끌어내는 유도형 질문과 칭찬은 상대의 가슴을 열게 만든다.

□ 둘째 원칙: 경청하자. (B) 부하가 입을 열 수 있도록 유도해야 한다는 원칙이다.

- (4) 부정적 비판과 심판을 배제한 긍정형 질문을 하자.
- (5) 닫힌 질문 대신 열린 질문이 효과적이다.

☐ 셋째 원칙: 멘토가 되자. (C) 부하의 머릿속에 깨달음을 넣어주자는 원칙이다.

- (6) 객관적 시각에서 사안을 볼 수 있게끔 객관화 질문을 하자.
- (7) 근본 목적과 가치를 생각하게 만드는 확대형 질문이 도움 된다.

상사는 질문하는 사람이다. 부하에게 다양한 질문을 던진다. 평소 형성된 신뢰 관계 정도에 따라 당연히 질문의 유형과 기술 적용도 다르다. 가장 서먹서먹한 부하 한 사람을 골라서 다음 질문에 답해보자.

☐ 지난 사흘간 그 부하에게 어떠한 질문을 주었는가? 아래에서 골라보자. 사지 선다 문제다.

- (1) 질문? 질문은 전혀 하지 않았다. (즉 지시 및 추가 설명만 했다.)
- (2) 질문은 하긴 했으나, 실질적으로 무늬만 질문이었다. (즉 지시, 힐난, 질책, 심문 등)
- (3) 질문을 했으나 주로 의문형 질문이었다. (즉 정보 수집, 이해, 확인을 위한 질문)
- (4) 질문다운 질문을 했다. (즉 근황 질문, 관심 질문, 유도형 질문, 모색형 질문 등)

☐ 위 질문의 답이 만약 (4)번이라면 비범한 상사다. 더 생각해보자. 지난 사흘 동안 질문다운 질문을 했다면, 그 부하가 스스로 마음 문을 열 수 있게끔 어떤 질문을 했는가?

- 그 부하에게 준 근황 질문과 관심 질문의 예를 찾아보자. 그리고 공감을 표현하고 칭찬한 예를 들어보자.

☐ 부하가 입을 열어 말을 하게끔 만드는 긍정형 질문 및 열린 질문을 사용한 예는 무엇인가?

- 아쉽게도 부정적 질문과 닫힌 질문이었다면, 한번 고쳐보자.

□ 멘토가 되었는가? 즉 부하의 머릿속에 깨달음을 넣어주기 위해 던진 객관화 질문 및 확대형 질문의 예를 들어보자.

제2권 제4장

이 QR코드를 휴대전화의 QR코드 앱으로 인식하면 토론방으로 연결되어 여러 독자들이 남긴 소감을 접할 수 있습니다. 여러분의 느낌도 써주십시오. 이 책의 저자와 질문으로 소통할 수도 있습니다.

직장인의 귀(耳) 사용법

말을 하지 말라고? 자기표현 욕구는 인간의 본능인데, 억제하라는 뜻인가? 맞다. 그래서 사실 힘들다. 예로부터 '말을 배우는 데 2년, 듣기를 제대로 배우는 데 60년이 걸린다.'라고 했다.

그런데 말을 전혀 하지 않고는 살 수 없지 않은가. 물론 말은 해야 한다. 하고 싶은 말을 가능한 질문으로 바꾸라는 뜻이다. 질문을 잘하면 경청할 수 있다. 꼰대를 넘어 멘토가 되는 지름길이다. 면담은 질문과 경청이다. 면담은 인간 이해를 기본으로 삼는 인재 관리의 핵심 수단이다. 사람멀미와 직장 내 괴롭힘을 줄인다.

실은 아쉽다. 필자도 흰머리가 부쩍 늘어나니 이제야 깨닫는다. 시곗바늘을 돌려서 30여 년 전의 싱싱한 나 자신과 면담하고 싶다. 해주고 싶은 말이 산더미처럼 많다. 질문 세 개로 줄이자. "너는 인내와 온유함을 갖췄는가?" "너는 인간의 귀 사용법을 익혔는가?" "너는 설교하는 꼰대인가 아니면 질문하는 멘토인가?"

다음 제3권 '직장인의 입(口) 사용법'에서는 상사의 소통능력을 다룬다. 리더십은 소통으로 구현된다. 효과적인 '직장 내 의사소통 능력'을

어찌 키울 수 있을까? 상사에게 가장 중요한 소통 수단인 '지시' 그리
고 효과적인 '말하기 방법'을 다음 책에서 살펴보자. 사람멀미를 일으
키지 않는 상사, 더 나아가 존경받는 상사가 되는 소통의 원칙과 기술
을 설명한다.

강 팀장과 김 일병의 뒷이야기

최근에 필자가 강 팀장의 전화를 받았다. 강 팀장은 심지어 워크숍에서 학습하지 않았던 것까지 깨우친 듯했다. 또라이라 칭한 문제의 그 직원을 콕 집어 지명해서 일주일간 함께 출장 가기로 했단다. 저녁때 맥주 한잔하면서 자연스럽게 면담하려고 한단다. 맹세코 오직 질문만 하고 인내와 온유로써 경청하겠다고 다짐했다. 필자는 입에 침이 마르도록 칭찬해줬다. 함께 출장 가서 면담하는 방법까지 생각하다니 ….

상사의 성장

산책하면 머리가 맑아진다. 낯선 곳으로 여행 가면 신난다. 왜 그럴까? 인간의 본능이다. 중국의 한자에 사람이 다니는 '길'을 뜻하는 道(도)에는 이상하게도 사람이나 동물의 '머리'를 뜻하는 首(수)가 올라와 있다. 수천 년 전 길을 나설 때는, 위험한 적들이 언제 어디서 나타날지 모르

니, 요즈음의 우주여행처럼 위험한 일이었다. 그래서 위협하고자 적의 머리(首)를 꽂은 장대를 앞세웠던 것이다. 그만큼 길을 나설 때는 조심했다. 주변을 관찰하며 시각, 청각, 후각 등 모든 감각을 곤두세워 쉴 새 없이 뇌로 분석한다. *(적인가? 호랑이인가?)* 그런 특별한 능력을 갖춘 유전자만이 신속히 잘 대응하고, 재빨리 도망가고, 결국 살아남았다.

그래서 그 유전자를 지닌 현대인도 산책하러 나가면 나도 모르게 각종 레이더를 돌리며 분석하는 본능이 작동하게 된다. 그 덕에 잡념이 없어진다. 산책하면 뇌가 맑아지는 효과가 나타난다. 그에 더해서 낯선 곳으로 여행 가면, 함께 간 사람과의 유사성이 급증하며 친밀감이 솟아나게 된다. 신혼여행도 원래 그래서 멀리 갔다.

사무실보다는 밖에서의 면담이 훨씬 더 효과적이다. 강 팀장이 많이 컸다. 경청과 질문의 원칙과 기술을 익힌 강 팀장의 부하 면담은 분명 효과가 클 것이다. 부하 탓만 하지 말자. 상사도 성장해야 한다. '상사의 성장'이 인간관계를 개선하고, 부하를 육성하고, 팀의 성과를 올리며, 조직을 발전시킨다.

부하의 성장

휴가 나갔던 김 일병은 '3시간마다 나에게 꼭 전화해라!'라는 소대장의 강력한 지시, 아니 신신당부를 헤어진 여친, 정아를 만난 3박 4일 동안 까맣게 잊어버리고 말았다. 소대장의 오장육부는 불안감으로 새까맣게 타버렸다. 귀대 3시간 전 드디어 김 일병의 전화가 왔다.

"충성! 소대장님, 저, 김 일병입니다. 정아와 밤새워 이야기했습니다. 근데 제가 군대 가고 나서 정아도 무척 외로웠답니다. 그럴 때 그 친구가 옆에서 위로를 많이 해줬다고 그럽니다. 제가 이해해줬습니다. 그러다가 글쎄 그 친구와 정아가 밤에 함께 술을 마시다가 ···."

"야, 인마, 김 일병, 너 지금 어디야!"

입술을 깨물며 인내하던 소대장이 결국 김 일병의 앞뒤 없는 넋두리를 끊고 소리쳤다. 의정부 버스 터미널이란다. 버스가 곧 출발한단다. 그렇다면 한 시간 반이면 귀대하겠다. "빨리 들어와!" 소대장은 냅다 소리치고 전화를 끊었다.

상사의 입에서 학대적 피드백이 나오지 않게 하려면, 사람멀미를 방지하려면, 사실 부하도 잘해야 한다. 김 일병의 보고를 분석해보자. 김 일병은 자신의 머릿속을 꽉 채운 상념을 두서없이 그저 쏟아내기만 했다. 보고의 원칙 중 가장 중요한 것이 고객지향의 원칙이다. 김 일병은 진작 소대장의 머릿속을 들여다봐야 했다. 소대장 머릿속 가장 큰 질문이 뭘까. 당연히 제시간 귀대 여부다.

"충성, 김 일병입니다. 소대장님, 제시간에 귀대하겠습니다. 지금 의정부 버스 터미널입니다. 여친과의 문제는 다 해결했습니다. 그동안 전화 못 드려 죄송합니다."

중요한 보고의 원칙 중 하나는 두괄식 보고의 원칙이다. 즉 주장("제시간에 귀대 예정입니다.") → 이유(생략: 귀대 이유는 말할 필요가 없다.) → 근거(물리적 근거: "지금 의정부 버스 터미널.") (심리적 근거: "여친 문제 해결"했기에 탈영의 필요가 없음.)의 순으로 보고하라는 원칙이다. 제대로 된 보고는 부하의 기본 역량이다.

상사만 탓할 수는 없다. 부하도 하루하루 성장해야 한다. 그런데 부하 성장도 상사의 임무가 아닌가. 이제 소대장이 김 일병을 면담해야 한다. 부하 육성이다. 상사가 부하에게 어떻게 '말'을 해야 효과가 클까? 다음 제3권에서 '말하기의 원칙과 기술'이라는 주제가 기다리고 있다.

참고문헌

- 나승빈. (2018). 나쌤의 수업살이 A to Z 002: 잘 듣게 하는 방법. 함께 있어 행복한 우리. https://blog.naver.com/kingofnsb/220955119506.
- 남충희. (2011). 『7가지 보고의 원칙』. 황금사자.
- 다나하라 마코토(노경아 옮김). (2014). 『결정적 질문: 사람을 움직이는 질문의 힘』. 인사이트앤뷰.
- 드러커, 피터 외(유정식 옮김). (2017). 『피터 드러커의 최고의 질문』. 다산북스.
- 리즈, 도로시(노혜숙 옮김). (2002). 『질문의 7가지 힘』. 더난출판.
- 박건형. (2016. 6. 3.). 「한국, 돈으로 노벨상을 살 순 없다. 《네이처》誌의 충고」. 《조선일보》. 조선비즈 경제.
- 박노환. (2002). 『경청으로 시작하라: 세계 최강의 팀워크』. 삶과꿈.
- 박용익. (2003). 「질문이란 무엇인가?」. 《텍스트언어학》14. 295-319.
- 사이토 다카시(남소영 옮김). (2017). 『질문의 힘』. 루비박스.
- 소벨, 앤드류와 파나스, 제럴드(안진환 옮김). (2012). 『질문이 답을 바꾼다(*Power Questions*)』. 어크로스.
- 아와즈 교이치로(장미화 옮김). (2018). 『Good Question』. 도서출판 이새.
- 애덤스, 마릴리(정명진 옮김). (2019). 『삶을 변화시키는 질문의 기술』. 김영사.
- 양선희(편작). (2013). 『여류(余流) 삼국지, 제1권』. 메디치.
- 어수웅. (2019. 10. 28.). 「바보는 아닌 것 같은데 … 노벨상 수상자야」. 《조선일보》. A35면.
- 유, 아이작. (2017). 『질문지능』. 다연.
- 장영희. (2009). 『살아온 기적 살아갈 기적』. 샘터사.
- 전성수. (2012). 『자녀교육 혁명 하브루타』. 두란노.
- 카와다 신세이(한은미 옮김). (2017). 『질문력』. (주)북새통 토트출판사.
- 한국은 · 류춘렬. (2013). 「관리자의 경청 유형이 부하직원의 신뢰와 수용에 미치는 영향」. 《한국소통학보》. 218-253.

- 한근태. (2018).『고수의 질문법: 최고들은 무엇을 묻는가』. 미래의 창.

- Ambady, N., & Rosenthal, R. (1998). Nonverbal Communication. In Friedman, H. S.(ed.). *Encyclopedia of Mental Health*, Vol. 2, 775-782. San Diego: Academic press.

- Chesebro, J. L. (1999). The relationship between listening styles and conversational sensitivity. *Communication Research Reports,* 16(3), 233-238.

- Clabby, J., & O'Connor, R. (2004). Teaching learners to use mirroring: Rapport lessons from neurolinguistic programming. *Fam Med*, 36(8), 541-543. https://pdfs.semanticscholar.org/64ed/7000ffe02ba311bac945514690e3d830e7d1.pdf.

- Hasson, U., & Frith, C. D. (2016). Mirroring and beyond: coupled dynamics as a generalized framework for modelling social interactions. Philosophical Transactions of the Royal Society B: Biological Sciences, 371(1693), 20150366. https://royalsocietypublishing.org/doi/pdf/10.1098/rstb.2015.0366.

- Holtz, Lou. (2017). Inspirational Speech. https://www.youtube.com/watch?v=0wMmcoPTmAs.

- Jiang-Yuan, Z., & Wei, G. (2012). Who Is Controlling the Interaction? The effect of the nonverbal mirroring on teacher student rapport. *US-China Education Review*, 7(2012), 662-669. Submission. https://files.eric.ed.gov/fulltext/ED535488.pdf.

- Leesam. (2019). 학급긍정훈육: 나 전달법과 경청 기술 3단계: 의사소통과 다양성 존중하는 법 배우기. https://blog.naver.com/kaeun0806/221580902061.

- Marsh, L. E., & Hamilton, A. F. C. (2011). Dissociation of mirroring and mentalising systems in autism. *Neuroimage*, 56(3), 1511-1519.

- Matarazzo, J. D., Saslow, G., Wiens, A. N., Weitman, M., & Allen, B. V. (1964). Interviewer head nodding and interviewee speech durations. *Psychotherapy: Theory, Research & Practice*, 1(2), 54-63.

- Matarazzo, J. D., Wiens, A. N., Saslow, G., Allen, B. V., & Weitman, M. (1964).

Interviewer Mm-Hmm and interviewee speech durations. *Psychotherapy: Theory, Research & Practice*, 1(3), 109-114.

■ Mintzberg, H. (1973). *The nature of managerial work*. New York: Harper & Row.

■ Nichols, R. & Stevens, L. (1999). Listening to people. *Harvard Business Review on Effective Communication*. HBS Press.

■ Porter, M. E., & Nohria, N. (2018). How CEOs manage time. *Harvard Business Review*, 96(4), 42-51.

■ Powell, J. (1990). *Why am I afraid to tell you who I am?* Niles, IL: Argus Communications.

■ Watson, K. W., Barker, L. L., & Weaver III, J. B. (1995). The listening styles profile (LSP-16): Development and validation of an instrument to assess four listening styles. *International Journal of Listening*, 9(1), 1-13.

■ Zenger, J., & Folkman, J. (2016). What great listeners actually do. *Harvard Business Review Digital* (https://hbr.org/2016/07/what-great-listeners-actually-do).

사람멀미 처방전 제2권
직장인의 귀(耳) 사용법

1판 1쇄 인쇄 2022년 01월 10일
1판 1쇄 발행 2022년 01월 15일

지은이 남충희
편집인 최현문
발행인 이연희
본문, 표지 디자인 정현옥
본문 삽화 조영남
캐리커처 김선우
발행처 황금사자
출판신고 2008년 10월 8일 제300-2008-98호
주소 서울시 종로구 백석동길 276(302호, 부암동)
문의전화 070-7530-8222
팩시밀리 02-391-8221

한국어판 출판권 ⓒ 황금사자 2021
ISBN 978-89-97287-13-0 04320(세트)
      978-89-97287-15-4 04320
값14,000원